트리 하우스의 세계에 오신 걸 환영합니다!

트리 하우스라는 불가사의하고 환상적인 세계를 알게 된 것은 지금으로부터 20년 전, 제가 서른 두 살 때였습니다. 트리 하우스와 만난 순간, 눈 앞이 환하게 밝아지면서, '무언가'를 발견한 것 같은 감동과 흥분을 느꼈습니다. 지금도 확실히 기억하고 있습니다.

"원래 건축가이거나 목수였습니까?"
"어떤 계기로 트리 하우스를 만들기 시작했습니까?"

지금까지 무수히 많은 사람들에게 질문을 받았습니다. 트리 하우스 만들기를 직업으로 삼은 제가 신기해서겠지요.

트리 하우스를 알기 전의 저는 마음속 깊은 곳에 있는 열정을 표현할 방법도 수단도 없이, 그저 막연히 하루하루를 의미없이 보내고 있었습니다. 물론 건축 공부를 한 적도, 목공 기술, 수목·삼림에 관한 지식이 있었던 것도 아니었습니다.

다만, 트리 하우스를 만나 진심으로 열중하면서부터 20년간은 오직 트리 하우스만을 생각하며 정신없이 지내왔습니다. 최근에 문득 뒤를 돌아보니 100채에 가까운 트리 하우스를 만들어왔더군요. 여기서 소개하는 것은 그중에서도 21세기에 만든 비교적 새로운 작품들입니다.

각각의 트리 하우스는 개별적인 것으로, 다 같은 것은 아닙니다. 나무의 종류도, 장소도, 디자

인도, 즐기는 방법도 모두 다릅니다. 어느 것이나 다 '그 장소'에 있는 유일무이한 작품입니다. 각각의 장소에서 많은 사람들의 생각이 응축되어, 트리 하우스를 지탱해주고 있습니다.

대지에 단단히 뿌리를 내리고, 태양을 향해 줄기와 가지를 뻗어 잎을 매달고 있는 수목. 그 위에서 나무의 흔들림을 함께 느끼며, 거기에서 보이는 풍경을 조망해봅니다. 나뭇가지 끝을 타고 부드럽게 부는 바람, 나무의 향기, 숲의 숨결…….

자, 그럼 지금부터 트리 하우스의 세계로 떠나봅시다!

CONTENTS

2 트리 하우스 세계에 오신 걸 환영합니다!

PROLOGUE
트리 하우스를 즐기다

8 나무 위의 집, 트리 하우스

10 지금 전 세계는 트리 하우스 열풍

12 트리 하우스, 최근 소식

CHAPTER 1 대자연의 트리 하우스

16 일본을 대표하는 트리 하우스
나이타이 고원 목장 트리 하우스

22 아이들의 소리가 울려 퍼지는 트리 하우스
트리 하우스 도토리 전망대

26 벼랑 끝에서 드넓은 바다를 지키다
교탄고 시 트리 하우스

32 사상 최강의 트리 하우스
비치락 빌리지 트리 하우스

36 앙코르와트가 보이는 나무 위 24미터의 집
앙코르와트 트리 하우스

40 COLUMN 트리 하우스와의 만남

CHAPTER 2 트리 하우스로 가자

44 작은 숲에 만들어진 어른들의 트리 하우스
니키 클럽 티 트리 하우스

50 일본 최초의 공공 트리 하우스
지가사키 시민의 숲 트리 하우스

54 일본에서 가장 넓은 트리 하우스
바다가 보이는 숲의 트리 하우스

	58	1,000명이 모여 만든 트리 하우스 **다카오 산 트리덤**
	62	수령 100년의 거목에 세운 트리 하우스 **이와세 목장 트리 하우스**
	66	**COLUMN** 세계의 트리 하우스 빌더

CHAPTER 3 모두의 트리 하우스

70	아이들의 꿈을 실은 트리 하우스 **아스나로 유치원 투모로우 호**
74	숲과 조화를 이루는 롯코 산의 트리 하우스 **고난여자대학 트리 하우스**
78	도시와 자연을 아우르는 별 모양의 트리 하우스 **아담엣로페 바이오톱 트리 하우스**
82	아이들의 성장을 지켜보는 계단 없는 트리 하우스 **아가리에 유치원 트리 하우스**
86	**COLUMN** 트리 하우스와 자연

CHAPTER 4 은신처가 된 트리 하우스

88	별이 된 딸을 위한 특별한 공간 **별의 요람 트리 하우스**
94	꽃의 명소에 만든 손자를 위한 선물 **T저택 트리 하우스**
98	하라주쿠에서 자연을 느끼다 **하이드어웨이**
102	**COLUMN** 트리 하우스 빌더라는 직업

CHAPTER 5 이벤트 트리 하우스

104 패션 빌딩에 지은 높이 10미터의 트리 하우스
이무즈 드리프팅 하우스

106 완전 자립형 유목 하우스
그린룸 페스티벌 2011 트리 하우스

108 이틀 만에 만드는 트리 하우스
지구의 노래 2011 트리 하우스

110 쉼터로 뛰쳐나간 그림 같은 트리 하우스
구라시키 미라이 공원 트리 하우스

CHAPTER 6 트리 하우스를 만드는 법

114 나만의 트리 하우스 만들기
작업의 기본 스타일
트리 하우스 작업에 필요한 기본 도구
필수 작업 용품
트리 하우스 작업의 기본 재료

118 주말에만 작업해서 1년 안에 트리 하우스 만들기

122 COLUMN 지금, 트리 하우스가 인기 있는 이유

124 에필로그

126 번역자의 말

나무 위의 집, 트리 하우스

트리 하우스의 시작

트리 하우스. 한 마디로 말하자면, 살아 있는 나무를 토대로 해서 만들어진 건축물입니다. 살아 있는 나무 위에 지어졌다는 점을 빼면 일반적인 건축물과 크게 다르지 않습니다.

트리 하우스는 자연을 온몸으로 느끼는 하나의 계기가 됩니다. 트리 하우스에 멈춰 서서 바람을 느끼고, 숲의 향기를 맡고, 나무의 소리에 귀를 기울이면 일상의 번거로운 일로부터 해방되고 자신이 자연의 일부이자 사소한 존재일 뿐이라는 사실을 깨닫게 됩니다.

이러한 트리 하우스는 동남아시아에서 처음으로 만들어졌습니다. 콜럼버스에서부터 시작된 대항해시대에, 동남아시아에 도착한 유럽인들은 나무 위에서 생활하고 있는 원주민들을 보았습니다. 그들이 돌아가 궁정(宮庭)의 정원사에게 명령하여 그와 똑같은 형태의 집을 만들게 한 것이 트리 하우스가 서양에 퍼지게 된 계기였습니다. 프랑스와 영국, 이탈리아 등에는 아직도 그러한 스타일의 집들이 남아 있습니다. 한편, 미국에 트리 하우스가 탄생한 것은 1960~70년대입니다. 바로 베트남 전쟁에 대한 반전(反戰) 운동을 계기로 "문명을 버리고 숲으로 돌아가자."고 외치는 히피 운동이 일어난 시기입니다. 히피들은 버스나 티피(미국 원주민의 이동식 천막)에서 주로 생활했고, 일부 사람들은 나무 위에서 생활을 시작했습니다. 그것이 지금 현재 미국의 트리 하우스 문화로 이어지고 있습니다.

일본은 유럽이나 미국과 비교하면 동남아시아에 가깝습니다만, 대설이나 태풍 등의 혹독한 날씨 탓인지 트리 하우스 문화가 없었습니다. 만물에 신이 깃들어 있다고 하는, 자연에 대한 일본의 애니미즘적인 믿음이 있었기 때문에 트리 하우스가 널리 퍼지지 않았는지도 모릅니다.

안타깝게도 아직 한국에는 이렇다 할 트리 하우스가 없습니다. 하지만, 숲속 생활을 하는 많은 사람들과 또 숲 학교를 운영하는 분들이 근래 트리 하우스에 크나큰 관심을 보이고 있습니다. 한국 사회의 캠핑 열풍과 함께 머지않아 지자체에서 자기 지역의 명승지나 의미있는 곳에 트리 하우스 촌락을 세울 것이라 예측해봅니다. 뿐만 아니라, 트리 하우스는 제3의 건축물로 도심 한복판에 어떤 원시처럼, 상징처럼 세워질 것입니다.

1996년에 「내셔널 지오그래픽」에 게재된 뉴기니 섬의 파푸아 지역. 지상에서 46미터나 높은 곳에 올라가 집을 짓고 살아가는 코로와이족의 생활이 트리 하우스의 시초가 되었다.

George Steinmetz/National geographic Stock

지금 전 세계는 트리 하우스 열풍

나무 위에 있는 현대의 다실

트리 하우스는 현재 전 세계적으로 활발히 제작되고 있습니다. 프랑스, 독일, 이탈리아, 미국, 오스트레일리아, 뉴질랜드, 태국에 이르기까지……. 조용하지만 거센 트리 하우스 열풍이 불고 있는 것입니다. 트리 하우스는 기후가 따뜻한 나라에서 주로 만들어지는 건축물이지만, 추운 나라에서도 트리 하우스에 패널 히터를 설치하는 등의 시도를 통해 다양한 형태로 발전해가고 있습니다.

스웨덴에서는 건축가를 대상으로 설계도를 공모하여, 매년 한 동(棟)씩 트리 하우스 형태의 호텔을 짓기도 합니다(http://www.treehotel.se/). 현재까지 다섯 동이 만들어졌는데 가장 최근에 지은 집은 숲에 떠오른 UFO 같은 형태를 하고 있습니다. 또한 전면을 거울로 장식한 큐브 모양의 트리 하우스도 있습니다. 풍경이나 하늘이 거울에 비쳐서 건축물이 숲의 일부인 것처럼 보이는 참신한 디자인입니다.

최근에 어떤 부자들은 "차도 배도 있지만, 이제는 트리 하우스를 갖고 싶다."고 하며 트리 하우스에 대한 애정을 드러내기도 합니다. 실제로 트리 하우스에 오르면 즐거움뿐 아니라 자연과 융화된 듯한 충족감마저 얻을 수 있습니다.

저는 트리 하우스를 다실(茶室)이나 암자(庵子) 같은 탈세속적이고 비일상적인 이미지로 인식하고 있습니다. 일본에는 미국이나 유럽처럼 큰 나무가 없어서 트리 하우스의 규모가 대체로 작습니다. 그래서인지 '작은 것의 미학'이라는 다실의 세계관을 트리 하우스에서도 느낄 수 있습니다. 좁은 입구를 무릎으로 들어가는 다실과 같이, 지상과 떨어져서 트리 하우스에 오를 때면 일상의 번잡함이나 고정된 관념들을 버리게 됩니다. 거기서는 새로운 일상을 즐기게 되지요. 트리 하우스엔 그러한 동양적인 즐거움이 존재합니다.

'이렇게 해야 한다'고 정해진 건 아무것도 없습니다. 트리 하우스는 누구나 자유롭게 즐길 수 있습니다.

1 미국 워싱턴 주에 있는 트리 하우스. 20년 이상의 시간을 들여 완성한 단풍나무 궁전이다. **2** 독일 동부에 있는 뾰족한 모자를 쓴 기상천외한 트리 하우스. **3** 벽면 전체에 창이 있는 원형 트리 하우스, 미국 워싱턴 주에 있다. **4** 프랑스 남부에 있는 트리 하우스. 나무의 성장에 맞춰서 잠금쇠가 조정된다.

트리 하우스, 최근 소식

홋카이도부터 오키나와까지, 일본에 있는 '나무 집'을 즐기다

나라마다 트리 하우스에 대한 생각이나 만드는 방법이 다릅니다. 제가 만드는 트리 하우스는 미국 스타일입니다. 나무에 가해지는 스트레스가 적고, 사람에게 안전한 볼트(TAB, Tree Attachment Bolt)를 직접 나무에 박아 넣는 공법이지요. 미국에서 처음 TAB 공법을 봤을 때는 거부감이 들었습니다. 미국에서는 자연을 두고 인간이 '지배하는 것'이라 주로 생각하지만, 동양은 '삼라만상에 영혼이 깃들어 있다'는 자연관을 가지고 있죠. 나무에 볼트를 박는 행위는 저에게 그리 친숙하지 않았습니다. 뭔가 좋은 것이 없을까 생각하다가 한때 샌드위치 공법(나무의 줄기를 끼워 넣는 방법)을 사용한 적도 있습니다. 하지만 그 공법은 나무껍질 바로 안쪽에 있는 형성층에 부담을 줘서 나무의 성장을 방해한다는 사실을 알았습니다. 그래서 지금은 TAB 공법을 쓰고 있습니다.

트리 하우스는 일상을 떠나 자연을 느낄 수 있어서 매력이 넘치는 건축물이지만, 한편으로는 나무에 부담을 주는 것이기도 합니다. 게다가 나무는 계속 자라므로 건축물 자체의 높이가 높아지기 때문에 그에 따른 위험성 또한 지니고 있습니다. 살아 있는 자연을 상대로 하는 건축물인 이상, 그건 당연한 거라 생각하고는 있지만요.

'안전제일'이 우선되지 않으면 안 되는 세상에서 '절대적인 안전은 없다'라고 당당히 이야기하는 트리 하우스, 어떤가요? 절대적인 안전이란 존재하지 않습니다. 그 위험성을 굳이 감추기보다 위험을 인식하고 안전하게 이용하는 것이 중요하다고 생각합니다. '나무의 성장 속도에 맞게 정기적으로 관리를 하면서 오랫동안 트리 하우스의 즐거움을 누린다.' 이것이 트리 하우스 사용법의 정석인 듯합니다.

저는 홋카이도부터 오키나와까지, 숲이나 해변 말고도 도시와 유치원, 대학 등 전국에 트리 하우스를 만들어 왔습니다. 각각의 트리 하우스마다 장소에 맞게 즐기는 방법이 있습니다. 같은 것은 하나도 없습니다.

1 나무에 가해지는 부담을 덜면서 트리 하우스를 지지하는 TAB 공법. 2 홋카이도의 목초지에 만들어진 트리 하우스. 멀리 산줄기가 내다보인다. 3 도치키 현 나스의 니키 클럽에 탄생한 모던한 느낌의 트리 하우스. 4 가고시마 현 사토야마에 있는 나무 위 놀이 장소

1994년,
미국 보스턴의 오래된 서점에서
한 권의 책을 만났습니다.
저의 인생을 바꾼 책
『트리 하우스』입니다.

일본을 대표하는 트리 하우스

나이타이 고원 목장 트리 하우스
2006년 9월 완성
호스트 트리: 떡갈나무

주머니나방을 모티프로 한 아트

홋카이도에 있는 일본 최대의 공공 목장인 나이타이 고원 목장은 눈에 들어오는 전부가 목초지입니다. 보이는 것은 아름다운 산자락뿐입니다. 이러한 곳에 자라난 한 그루의 떡갈나무 위에 만든 건축물이 있습니다. 텔레비전 커피 광고에 등장한 트리 하우스입니다. 콘셉트는 '아트'였습니다. 지붕이나 벽에 구애받지 않고, 자연 고유의 것을 간직한 느낌을 구현하기로 마음먹었습니다. 이미지는 거미집, 벌집, 사마귀의 알 등등을 생각했는데, 마지막에 번쩍 떠오른 것이 주머니나방(유충은 가늘고 긴 통꼴이며 나무껍질의 작은 조각을 이어 붙인 도롱이를 만들어 숨는 곤충)이었습니다. 집을 만들기 시작하면서 먼저 시작한 것은 유목(流木, 물 위에 떠서 흘러가는 나무) 줍기였습니다. 주운 나무 모두를 사용할 수 있는 건 아니어서, 제작하면서도 늘 유목을 주웠습니다. 실제로 사용한 것은 1만 개 중 3,000개 정도였지요. 고생은 그것뿐만이 아니었습니다. 집 자체를 상하로 나누어 제작하고, 끌어올려 나무에 맞추는 방법을 취했습니다. 그런데 하부는 어떻게든 올려놓았지만, 상부는 그럴 수가 없었습니다. 그때 우연히 트럭크레인을 타고 지나가던 분이 "뭐하고 있어!?" 하며 말을 걸어왔습니다. 사정을 설명하니 "그거라면 내가 해주지!" 하고는 나머지 상부를 무사히 끌어올릴 수 있도록 도와주었습니다. 완성된 트리 하우스를 본 읍장님이 "부수는 건 아까우니 저기 남겨두고 싶다."고 말했습니다. 지금은 이 트리 하우스가 홋카이도의 관광지는 물론, 세계적으로도 높은 평가를 받고 있습니다. 떡갈나무 위의 트리 하우스에서 홋카이도의 웅대한 경치와 사계절의 변화를 즐길 수 있습니다.

DATA
위치: 홋카이도 가토 군 (北海道河東郡上士幌町字上音更 85-2)
이용 시간: 10:00~17:00
이용 기간: 4월 말~10월 말
※ 보는 것은 가능하지만, 오르는 것은 불가능합니다.

광대한 목초지에 자라난 한 그루 떡갈나무 위에 지어진 트리 하우스. 훗카이도의 대자연 속에서 푸른 하늘과 흘러가는 구름의 움직임을 함께 느낄 수 있다. 저 멀리로는 완만한 산자락이 이어진다.

1 트리 하우스 위로 보이는 아름다운 밤하늘. 2 주워온 유목들. 트리 하우스를 제작하면서 약 1만 개의 유목을 모았다. 3 주머니나방을 모티프로 한, 곡선을 살린 형태의 집이다. 입구도 유목으로 설계했다. 4 버려진 유목으로 만든 집의 형태가 대자연 속의 트리 하우스와 잘 어울린다. 5 트리 하우스 올리기 작업. 우연히 지나가던 트럭크레인 기사님이 도와주었다. 6 창문에서 바라보면 목초지와 능선이 눈에 들어온다. 7 슬로프에 올라 아침 해가 떠오르는 모습을 볼 수 있다. 8 겨울에 불어닥친 강추위를 버티는 트리 하우스의 모양은 말 그대로 '주머니나방의 집' 같다.

아이들의 소리가 울려 퍼지는 트리 하우스

트리 하우스 도토리 전망대
2009년 11월 완성
호스트 트리 : 팽나무

어린이와 환경을 위한 트리 하우스

전국 각지에서 트리 하우스를 만들다 보면 도쿄에 머무는 시간이 적습니다. 그래도 어쩌다 가끔 트리 하우스 카페 '하이드어웨이(HIDEAWAY)'에 얼굴을 내밀기는 하죠(98쪽 참조). 어느 날 60대 여성분이 저를 만나러 왔습니다. '혹시나 만날 수 있을까' 하는 가벼운 기분으로 찾아오셨다고 합니다. 가고시마 현에서 왔다는 카도타 씨는 나무 타기 놀이를 했던 어린 시절 추억의 장소에 손자와 함께 놀 수 있는 트리 하우스를 만들고 싶다고 했습니다. 그런 꿈을 말하는 사람은 많이 있습니다만, 실현하는 사람은 사실 거의 없습니다. 저는 그녀도 그런 사람들 중 하나일 거라고 생각하면서 이야기를 들었습니다. 그런데 반년 후, 카도타 씨로부터 예정지를 봤으면 좋겠다는 연락이 왔습니다. 처음엔 개인적인 트리 하우스를 지으려 했으나, 마음을 바꾸어 사토야마에 공용 트리 하우스를 만들고 싶다는 거였습니다. 그때부터 이야기가 척척 진행됐습니다. 카도타 씨가 창립한 NPO(민간 비영리 단체)법인은 크게 번창하여, 그 지방의 간벌재를 목재로 사용할 수 있게 하는 등 건물을 짓는 데 큰 도움을 주었습니다. 결과적으로는 일본 환경청의 도움을 받은 최초의 트리 하우스가 되었습니다. 그렇게 만들어진 트리 하우스의 콘셉트는 '모던'이었습니다. 사토야마의 풍경을 보고 직감적으로 떠오른 저만의 건축 스타일로 집을 만들었습니다. 큐빅 모양의 집이 블록처럼 겹쳐지고, 나뭇가지 사이로 창문이 보이는 트리 하우스. 창문 밖으로는 아름다운 사토야마의 풍경이 펼쳐집니다.

 DATA

위치 : 가고시마 현 히오키 시(鹿児島県日置市伊集院町上神殿)
이용 시간 : 10:00~15:00
이용 신청 : 무료 개방. 단체 이용 시 예약 필수.
개방일 : 매주 월요일(12, 1, 2월 휴무)
※ 우천 등 기상 상태에 따라 이용이 불가능한 경우가 있습니다.

1 트리 하우스 제작 중에 아이들과 함께 로프를 이용해 나무에 올랐다. 아이들의 환호성이 마을에 울려퍼진다. 2 나무의 뿌리를 보호하고 아이들이 놀 수 있는 공간을 확보하기 위한 발판을 제작 중이다. 3 가지가 많은 팽나무의 형태를 보존하는 4층 높이의 트리 하우스. 4 건물 아래쪽에 새집을 설치했다. 새의 지저귐이 들려올 것 같다. 5 나무의 따뜻한 기운을 느낄 수 있는 실내. 6 창문에서 사토야마의 자연 경관을 내려다볼 수 있다. 7 나무로 된 사다리로 최고층에 오른다. 8 아이들에게 그네는 인기 만점이다. 9 창살을 붙잡고 아래를 내려다보는 아이들의 미소가 눈부시다. 10 사토야마의 경치와 조화를 이루는 모던한 느낌의 트리 하우스.

벼랑 끝에서
드넓은 바다를 지키다

교탄고 시 트리 하우스
2008년 10월 완성
호스트 트리: 후박나무

한눈에 보이는 푸른 바다

풍요로운 자연림에 트리 하우스를 만들었으면 좋겠다는 교탄고 시의 의뢰가 있었습니다. 현장은 단고 반도의 변두리에 있는 외딴 부락. 고령화, 도시화 등으로 인해 인구의 50퍼센트 이상이 65세 이상의 고령자로, 공동생활의 유지가 힘들어진 마을이었습니다. 예비 조사를 하러 현장에 갔더니, 그곳엔 트리 하우스와 어울리는 나무가 없었습니다. 하루 동안 찾아봐도 찾지를 못해서, 어찌할 바를 모를 때 만(灣) 건너편 강가 벼랑에 있는 커다란 나무가 눈에 들어왔습니다. 시청의 담당자에게 물어보니 "가는 사람이 많진 않지만, 충분히 가볼 수 있을 겁니다."라고 이야기했습니다. 없는 길을 만들어가며 간신히 그 장소에 도착하니 커다란 후박나무와 에게 해(海)를 떠올리게 하는 멋진 풍경이 우릴 기다리고 있었습니다. 그곳은 배로도 접근이 가능한 최적의 장소였습니다. 이 트리 하우스는 이 지역에 전해 내려오는 해신에 대한 전설을 모티프 삼아, 용이 하늘로 오르는 모습을 본떠 만들었습니다. 나선 계단을 만들고, 문 손잡이는 유목을 재료 삼아 용 모양을 디자인했습니다. 현장이 벼랑이었기 때문에 도구와 재료를 운반하는 것이 어려웠습니다. 배에 도구를 실어온 뒤, 골짜기에 와이어를 걸고 도르래로 목재나 사람을 매달아 올렸습니다. 그 지역에 있는 모든 분의 협력 덕에 바다의 경치가 한 눈에 보이는 멋진 트리 하우스가 완성되었습니다. 이 트리 하우스에서 숙박은 불가능하지만 '잠시 머무는 곳'으로는 더할 나위 없는 곳입니다. 나무 위에서 눈앞에 펼쳐지는 푸르른 바다를 감상할 수 있는……. 조용한 숲 가운데서 이런 풍요로운 시간을 보내보는 건 어떨까요.

DATA

- 위치: 교토 교탄고 시(京都府京丹後市久美浜町蒲井)
- 이용 시간: 9:00~16:00
- 정기 휴일: 매주 수요일과 연말연시
- 신청: 트리 하우스에서 약 1킬로미터 떨어진 숙박 시설 겸 식당인 풍란관(風蘭の館)에서 접수.

※ 우천 등 기상 상태에 따라 이용이 불가능한 경우가 있습니다.

용이 하늘로 올라가는 이미지로 설계한 트리 하우스. 눈앞에 조용한 바다가 펼쳐져 있다. 워크숍에 참여하여 로프를 연결하여 트리 클라이밍(climbing)을 즐길 수도 있다.

1 트리 하우스 내부에는 벤치와 해먹이 있어, 바다를 보며 유유자적 시간을 보낼 수 있다. 2 잔잔한 해안선이 이어지는 단고 반도. 3 문에 낸 창문은 '하늘로 승천하는 용' 혹은 '소라'의 이미지로 디자인한 스테인드글라스로 되어 있다. 4 트리 하우스를 손수 만든 제작자들의 이름. 만든 이의 온기가 느껴지는 듯하다. 5 트리 하우스로 이어지는 계단. 나무로 만들어진 곡선의 형태가 인상적이다. 6 아래엔 테이블과 의자가 있다. 7 발판인 나무 위에 THC(트리하우스 크리에이션)라는 글자를 새겼다. 8 페인트로 알록달록하게 칠한 난간이다. 9 대나무 아트 조명이 밤깊은 숲 속의 트리 하우스를 환상적인 모습으로 만든다.

사상 최강의 트리 하우스

비치락 빌리지 트리 하우스
2006년 7월 완성
호스트 트리: 류큐 팽나무

세계에서 인정받은 '장난기' 많은 트리 하우스

"사상 최강의 트리 하우스를 만들어 주시기 바랍니다." 베스트셀러 작가인 타카하시 아유무 씨로부터 그러한 의뢰를 받았습니다. 그가 오키나와에서 경영하는 '비치락 빌리지'라는 캠프 시설에 지금까지 없던 트리 하우스를 만들어 주었으면 한다고 말했습니다. "가보지 않은 상태에서 확답을 드릴 순 없습니다." 제가 정직하게 대답했더니, 다음 날 오키나와행 티켓이 도착했습니다. 아유무 씨의 그러한 열의에 마음이 움직였고, 저는 오키나와에 사상 최강의 트리 하우스를 만들기로 했습니다.

그러나 오키나와는 차를 날려버릴 만한 수준의 태풍 때문에 많은 피해를 입는 곳입니다. 그런 곳에 트리 하우스를 어떻게 만든단 말입니까. 그러한 불안이 생길 때 류큐(琉球) 팽나무라는 거목을 발견했습니다. 태풍이 지나는 길에는 커다란 나무가 자라지 않습니다. 그러나 여기 이런 거목이 있다는 것은 지금까지 태풍을 견뎌왔다는 증거가 아니겠습니까. 직감적으로 저는 이 나무를 선택했습니다.

트리 하우스는 22미터 높이 나무의 19미터 지점에 설치하기로 했습니다. 상당히 높은 위치라 바람을 정면으로 받지는 않습니다. 게다가 바람의 영향을 덜 받는 돔 형태로 디자인했습니다. 우주선을 모티프로 외벽에는 스테인리스, 알루미늄, 동 등의 금속을 붙였습니다. 이 금속들이 태양 빛을 반사하는데, 그 빛이 잎사귀와 함께 어우러지면 무척 아름답습니다. 거주의 편이성보다 재미와 놀라움을 중시한 트리 하우스입니다.

태풍이 많은 오키나와에 탄생한 나무 위 19미터의 트리 하우스. '사상 최강의 트리 하우스'인지는 모르겠습니다만, 이 집은 트리 하우스의 세계적 권위자 피터 넬슨의 저서 뒤표지에 실리기도 했습니다.

 DATA

위치: 오키나와 현 쿠니가미 군(沖縄県国頭郡今帰仁村謝名 1331)
이용 시간: 12:00~24:00(카페, 바)
정기 휴일: 연중무휴

1 오키나와 현 북부 나키진 마을에 있는 비치락 빌리지. 2 푸른 하늘 아래, 나무에 오르고 있는 제작팀원들. 3 트리 하우스의 외관은 다양한 색상의 타일을 붙여 완성했다. 4 마루의 뼈대. 별이 겹쳐진 모양으로 보인다. 5 마루에 색을 칠해서 완성했다. 6 트리 하우스는 나무 아래에서 조립하여 로프로 매달아 올렸다. 작업 내내 긴장이 감돌았다. 7 푸른 하늘과 별이 가득한 하늘을 올려다볼 수 있는 천장의 뼈대. 8 4미터 정도의 다리를 건너면 그 위에 있는 발판. 그 위로 5미터 정도 사다리를 오르면 트리 하우스를 볼 수 있다. 9 우주선처럼 생긴 사상 최강의 작품 완성!

앙코르와트가 보이는
나무 위 24미터의 집

앙코르와트 트리 하우스

2007년 8월 완성
호스트 트리: 이우시과

새소리가 들려오는 인기 데이트 장소

방송국에서 제작하는 특별방송을 위해 트리 하우스를 만들어 달라는 의뢰가 들어왔습니다. 방송 내용은 니시다 토시유키 씨가 연기한 인물이 복권에 당첨되어 장대한 꿈을 이룬다는 것이었습니다. 장대한 꿈이란 바로 '앙코르와트가 보이는 숲에 트리 하우스를 짓는다'는 거였죠. 확정된 사항은 앙코르와트에 있는 세 개의 탑이 보이는 장소에 집을 짓는다는 것, 아래에선 보이지 않지만 트리 하우스에 오르면 그 세 개의 탑이 보이는 설계라는 것뿐이었습니다. 제작 기간은 2주, 장소는 당시 결정되어 있지 않았습니다. 곧바로 현장으로 날아간 우리는 조건에 맞는 나무를 구하는 데 하루를 보냈습니다. 우리가 찾은 것은 34미터의 이우시과였습니다. 그리고 앙코르와트의 탑이 보이는 위치는 빌딩의 8층 정도에 해당하는 24미터로 측정되었습니다.

진짜 고생은 그때부터였습니다. 재료가 일본의 것과 달리 활 모양으로 굽었고 각진 부분이 없어서 계획대로 잘 진행이 되질 않았습니다. 재료를 그대로 사용할 수는 없어서 처음부터 나무를 다시 다듬고 정돈하여 겨우 작업을 개시했습니다. 집은 아래쪽에서 임시로 짜 맞춘 다음, 분해하여 위로 끌어올리기로 했습니다. 그 작업과 병행하여 트리 하우스 아래에 여섯 단의 발판도 만들었습니다.

완성한 트리 하우스는 캄보디아 전설에 나오는 붉은 지붕이 특징인, 전망대 형태의 디자인입니다. 나무 위 24미터라는 높은 위치에 있기 때문에, 새소리가 위가 아닌 아래에서 들려옵니다. 신선한 느낌이 드는 집입니다.

세계유산의 부지 내에 만들어진 세계 최초의 트리 하우스. 특별한 선전을 하는 것 같진 않습니다만, 그 지역에서는 이미 인기 데이트 장소가 된 것 같습니다.

 **DATA**

위치: 캄보디아 앙코르와트 내
이용 방법: 앙코르와트 동쪽,
매표 담당자가 있는 동쪽 입구의 작은 건물에서
도보로 약 3~4분 소요
※ 밤에는 출입을 금지합니다.

1 강가에서 현지인들과 함께, 오래된 자재로 작업했다. 2 트리 하우스 입구에 세운 안내판. 3 아래에서 임시로 짜 맞추어, 분해한 후 로프로 끌어 올렸다. 4 빨간 지붕이 인상적인 심플한 트리 하우스. 잘 보면 방문한 사람이 벽이나 기둥에 이름을 써놓았다. 5 창문에서 보면 파노라마처럼 거대한 수풀이 펼쳐진다. 6 숲 입구에서 웅대한 앙코르와트를 조망할 수 있다. 7 계단에서 보이는 아름다운 녹색의 풍경. 8 사다리와 계단으로 높이 24미터의 트리 하우스에 오른다. 9 앙코르와트의 숲에 조용히 자리 잡은 조그만 트리 하우스. 10 이 트리 하우스는 앙코르와트의 동쪽 입구로부터 도보로 3~4분 걸으면 찾을 수 있다.

COLUMN

트리 하우스와의 만남
처음으로 만든 트리 하우스

앤티크 가게에서 받은 법랑 간판. 소나무 위에 작은 집이 올라가 있다.

하라주쿠의 뒷골목에 있는 숨은 명소, 카페 하이드어웨이.

그것은 한 장의 법랑 간판으로부터 시작되었다

예전에 자주 방문했던 앤티크 가게에서 한 장의 법랑 간판을 받았습니다. 간판에는 소나무가 그려져 있고, 그 위에는 신선이 살 것 같은 작은 집이 그려져 있었습니다. 저는 이상하게 그 그림이 마음에 들어, 당시 제가 열었던 헌옷 가게의 트레이드마크로 정했습니다. 그 헌옷 가게는 한동안 텔레비전이나 잡지에 거론될 정도로 인기가 있었습니다만, 시간이 갈수록 제 자신이 헌옷에 흥미가 없어졌고 어느덧 매상도 떨어져버렸습니다. 그러던 어느 날, 가게의 겉모습과 명함을 다시 고쳐야겠다고 생각했습니다. 무심히 간판을 봤는데 새삼스레 법랑속의 그 소나무 위 작은 집이 예전처럼 내 눈길을 사로잡았습니다. 그리고 문득 창밖을 보니 밖에는 나무가 엄청나게 자라나 있었습니다. 세월이 흐른 것입니다. "이걸로 어떻게 만들어 보자." 이렇게 하여 탄생한 것이 트리 하우스 바 '에스케이프(ESCAPE)'입니다. 1992년에 제가 처음으로 만든 트리 하우스로 '하이드어웨이'의 전신인 가게입니다. 2년 후인 1994년 가을, 저는 보스턴의 오래된 서점에 진열된 한 권의 책을 만났습니다. 책의 제목은 『트리 하우스(TREEHOUSES)』, 저자는 시애틀에

커다란 히말라야 삼나무를 둘러싼
편안한 공간이 펼쳐진다.

개장 전의 가게 내부.
붉게 칠한 벽이 시선을 사로잡는다.

거주하는 피터 넬슨이라는 미국인이었습니다. 귀국해서도 트리 하우스에 대한 생각이 머리를 떠나지 않아 도쿄의 서점을 돌며 트리 하우스의 정보를 모으려고 했습니다만, 일본에는 트리 하우스에 대한 정보가 전혀 없었습니다. 그 다음 해 봄, 어떤 아웃도어 잡지를 읽다가 '피터 넬슨이 일본을 방문하여 일본에 트리 하우스를 만든다'는 독자 이벤트 기사를 발견했습니다. 잡지사에 문의했는데 예산 문제로 통역을 구할 수 없다는 얘길 듣고 운 좋게 스태프로 일을 할 수 있게 되었습니다. 이 일을 계기로 만난 피터는 하라주쿠에 있는 제 가게에도 들렀습니다. 그는 도쿄 도심에 있는 트리 하우스의 존재에 감동을 받았다고 말했습니다. 그가 일주일간 체류하는 동안 우리는 공통 관심사인 '트리 하우스'를 통해 둘도 없는 친한 친구가 되었습니다. 피터는 일본을 떠나면서 이렇게 말했습니다. "오리건에서 전 세계의 트리 하우스 빌더가 모이는 이벤트가 열려. 타카시도 오면 분명 즐거울거야." 이후 저는 매년 그 이벤트에 참가하고 있습니다.

트리 하우스,
하이드어웨이.
일상에서 조금만 거리를 두면,
마음이 평온해지는 공간이 있습니다.

CHAPTER 2

트리 하우스로 가자

작은 숲에 만들어진
어른들의 트리 하우스

니키 클럽 티 트리 하우스

2011년 7월 완성
호스트 트리: 호두나무

난롯불을 바라보며 숲의 정적을 느끼다

나스 고원의 고급 리조트 니키 클럽에서 10년 동안 열 명의 아티스트가 광대한 부지에 작품을 만드는 '정원 프로젝트'가 열렸는데, 첫 번째 아티스트로 제가 선정되었습니다.

제안받은 콘셉트는 니키 클럽의 손님들에게 어울릴만한 '어른들의 트리 하우스'. 저는 다실(茶室)에서 모티프를 얻었습니다. 일본의 나무는 대체적으로 크지 않아서, 설치하는 트리 하우스 역시 그리 크지 않았습니다.

다실도 비슷한 형식의 작은 방이지요. 다실에선 권위나 입장 차이에서 오는 갈등을 내려놓고, 좁은 방을 무릎으로 걸어 들어가 동등한 입장에서 서로 마주보게 됩니다. 트리 하우스에도 그것과 비슷한 '좁음의 미학'이 있다고 말하니, 경영자 역시 공감해주었습니다.

호스트 트리는 호두나무입니다. 눈앞에 땅이 보이는 낭떠러지가 있어, 비에 씻겨 뿌리가 드러난 나무가 자라고 있었습니다. 이런 풍경이 보이도록 트리 하우스를 만들기로 했습니다. 아무 말없이 안으로 들어가 소파에 앉으면, 보여주고 싶은 게 뭔지 사람들이 저절로 알게 될 바랐습니다.

그렇기 때문에 외장보다는 내장에 신경을 썼습니다. 특별히 더 신경 쓴 것은 세간들이었습니다. 소파는 순수 만들었습니다. 다실이라는 콘셉트에 맞게 화로 대신 소형 장작난로를 넣었습니다. 나무 위에 있다는 비일상적 느낌을 연출하기 위해 장작난로 아래에 창문도 만들었습니다. 마치 집이 떠 있는 것처럼 느껴지는 거지요.

그리고 추운 겨울날 트리 하우스에 들어가는 손님에게 조그만 장작더미를 건네어, 스스로 난로에 불을 지필 수 있게 합니다. 그 장작이 다 타버릴 때까지 소중한 사람을 마주 보고 멋진 시간 보내시길 바라면서요.

DATA

위치: 토치기현 나스마치(栃木県那須郡那須町高久乙道下 2301)
이용 방법: JR 나스시오바라 역에서 택시 혹은 셔틀버스(전날까지 예약해야 함) 탑승.
정기 휴일: 연중무휴
※ 숙박객만 이용 가능합니다.

내 곁을 떠나 하우스 몸 일을 주는 시냇물, 그 옆의 큰 나무 위에 다람이 만들어졌다. 시원히 나뭇잎이 가려어 있는 듯한 드리 하우스에서 춤추는 시냇물 소리에 기만히 귀를 기울여본다.

1 발판에서부터 이어지는 아름다운 곡선의 나선계단. 2 계단을 올라 숲을 조망한다. 3 다실로 향하는 자그마한 입구. 입구를 단층 모양으로 디자인했다. 4 내벽 역시 단층 모양으로 디자인했다. 실내를 꾸몄던 재료는 모두 눈앞에 흐르는 냇가 주위의 흙과 물을 이용했다. 5 물건을 걸 수 있도록 벽에 설치한 고리. 6 겨울에는 장작난로가 제 몫을 한다. 7 땅과 함께 드러난 나무의 뿌리에 시선을 빼앗긴다. 8 방을 부드럽게 감싸는 램프의 불빛. 9 조용한 숲 가운데 자리한 트리 하우스.

일본 최초의 공공 트리 하우스

지가사키 시민의 숲 트리 하우스
2008년 5월 완성
호스트 트리: 졸참나무

아무도 오지 않던 산 속 공원이 명소로 거듭나다

쇼난이라 불리는 해안 거리는, 바다와 관련한 문화가 발달해 있습니다. 해안에 카페도 많고, 서핑이나 해변 청소 이벤트 등도 활발하게 이뤄집니다. 하지만 산에 관해서는 '전혀'라고 말해도 좋을 정도로 관심이 없습니다. 사람들이 산에는 거의 발도 들이지 않는다고 할 정도니까요.

그러한 쇼난의 사토야마에 '지가사키 시민의 숲'이라는, 시에서 운영하는 공원이 있습니다. 관리를 제대로 하고는 있습니다만, 그렇게 많은 사람이 방문하지는 않는다고 합니다.

시민 자원봉사자들이 뭔가 좋은 해결책이 없을까 하고 방법을 검토하다가 트리 하우스를 만들자는 의견이 나왔다고 합니다. 그들은 바로 지가사키 시에 건의를 했으나, 반응이 없었습니다. 포기할 수 없었던 자원봉사자들은 시장에게 직접 찾아가 건의했습니다. 그러자 마침내 시장이 그들의 생각을 이해하고 허가를 해주었다고 합니다. 이렇게 해서 일본 최초로 공공 트리 하우스 만들기가 시작됐습니다.

이 트리 하우스에는 구름다리를 만들고 싶다고 생각했습니다. 어린아이들이 조마조마해하면서도 도전할 수 있는 구조의 건축물을 만들고 싶었습니다.

트리 하우스를 완성하자, 그때까지 아무도 오지 않았던 공원에 연간 1만 5,000명이 방문하게 되었습니다. 매년 진행하는 '트리 축제'는 고유한 지역 축제가 되었습니다.

자원봉사자 분들은 "트리 하우스를 좀 더 만들어서 구름다리를 연결한 후 여기저기로 이동할 수 있게 해보자!"며 의욕을 불태우고 있습니다. 이러한 꿈을 꾸는 어른들의 눈빛은 트리 하우스에서 뛰어노는 아이들의 눈과 같이 반짝입니다.

DATA
위치: 가나가와 현 지가사키 시(神奈川県茅ヶ崎市堤 716)
이용 시간: 10:00~15:00(11~4월은 토/일/휴일만 운영)
정기 휴일: 연말연시
이용 방법: 단체 이용만 가능함.
　　　　　지가사키 시 공원 녹지과에 신청.
※ 우천 등 기상 상태에 따라 이용이 불가능한 경우가 있습니다.

1 긴 구름다리를 건너면 트리 하우스에 닿는다. 아이들이 놀 수 있도록 로프와 로프를 이어 수작업으로 제작했다. **2** 볼트(TAB 공법)를 박아 넣어 나무에 가하는 부담을 최소화했다. **3** 사다리를 오르면 가장 높은 곳에 닿는다. 곡선을 그리는 벽의 형태가 인상적이다. **4** 따뜻한 인간미를 느낄 수 있는 나무 틀. 눈앞에는 훌륭한 호스트 트리가 보인다. **5** 공중에 발코니 격의 발판이 몇 개 있어서, 한꺼번에 많은 사람이 즐길 수 있다. **6** 흔들리는 구름다리를 건너는 것도 아이들에게는 작은 모험이 된다. **7** 아래 발판으로부터 위의 발판까지는 계단으로 오르내린다. **8** 여름에는 녹음이 우거지고 상쾌한 바람이 분다. **9** 산속 공원에 웃음소리가 울려 퍼진다.

일본에서 가장 넓은 트리 하우스

바다가 보이는 숲의 트리 하우스
2011년 4월 완성
호스트 트리: 구실잣밤나무

병마와 장애에 맞서 싸우는 아이들의 꿈의 상징

"병마와 장애에 맞서 싸우는 아이들을 위해 배리어 프리(barrier free, 장애인·고령자들도 살기 좋은 사회를 위해 물리적·제도적 장벽을 허물자는 운동) 트리 하우스를 만들어 주시겠습니까?" 그런 문의를 한 곳은 일본 최초의 소아 호스피스 개설을 목표로 하는 재단법인 '바다가 보이는 숲'이었습니다. 훌륭한 취지였지만, 보통의 아이들조차 나무에 오르지 못하는 경우가 있는데 괜찮을까 하는 불안도 스쳤습니다. 그러나 아이들이 자연에서 뒹굴며 노는 모습을 상상하니 '꼭 해보고 싶다'라는 마음이 마구 생겨났습니다.

소아 호스피스는 장애, 난치병을 안고 집에서 요양하는 아이들과 가족들이 며칠간 지낼 수 있는 시설입니다. 소아 호스피스 자체가 일본에서 처음으로 시도되는 것이기 때문에 행정 수속이 어렵다고 했습니다. 그러한 타이밍에 트리 하우스를 만든다는 것은 쉬운 일이 아니었습니다.

그러던 중 재단을 통하여 한국의 배우 이서진 씨가 기부를 해주었습니다. 덕분에 호스피스 시설의 상징인 트리 하우스를 만들 수 있게 됐습니다. 배리어 프리의 의미를 다 충족하지는 못했지만 그야말로 꿈이 가득한 트리 하우스가 완성되었습니다.

가지가 손을 펼쳐 보이는 것같은 구실잣밤나무의 형태를 이용해, 바다를 향해 만세를 하고 있는 모양의 트리 하우스를 만들고 싶다는 의견이 있었습니다. 그런데 이 나무만으로는 건물을 지탱하는 게 어렵기 때문에 옆의 나무와 두 개의 계단으로 함께 지탱하는 구조로 만들었습니다. 5단의 발판과 하우스를 합하니 넓이는 약 80제곱미터나 되었습니다. 일본에서 면적이 가장 넓은 트리 하우스가 완성된 것입니다. 앞으로도 많은 아이들이 자연 속에서 뛰어놀았으면 하는 바람과 함께 말입니다.

 DATA

위치: 가나가와 현 나카 군 (神奈川県中郡大磯町東小磯 563)
※ 2012년 4월부터 비정기적으로 외부에 공개하고 있습니다.

1 이리저리 뒤섞여 있는 나무들을 발판과 계단이 연결하고 있다. **2** 난간은 철제로 이루어져 있다. **3** 계단은 호스트 트리의 바로 옆에 있고, 아래에는 넓은 발판이 설치돼 있다. **4** 5단 트리 하우스의 꼭대기. 바다가 보이는 방향으로 큰 창문이 있다. **5** 트리 하우스에서 바라본 풍경. 멀리 태평양이 보인다. **6** 아이들이 안전하게 놀 수 있도록 계단에도 난간을 설치했다. **7** 발판과 하우스의 넓이는 약 80제곱미터. 일본에서 총 면적이 가장 넓은 트리 하우스다. **8** 천장 부분. 중심 기둥부터 지붕을 지탱하는 목재가 방사형 모양으로 고정되어 있다.

1,000명이 모여 만든 트리 하우스

다카오 산 트리덤
2007년 4월 완성
호스트 트리: 전나무

1,000명 이상이 제작에 참여한 트리 하우스

다카오 산에는 자연의 풍성함이 가득합니다. 지금 이 산에는 터널을 파서 고속도로를 만들려는 계획이 진행되고 있습니다. 그러한 계획에 반대하는 건십회(虔十の会)로부터 다카오 산에 트리 하우스를 만들어 달라는 의뢰가 들어왔습니다. 하지만 저는 트리 하우스를 뭔가를 반대하는 운동의 상징으로 쓰고 싶지 않기 때문에 '다카오 산은 이렇게 멋진 장소입니다'라는 긍정의 메시지를 담은 트리 하우스는 어떠냐는 제안을 했습니다. 그리고 되도록 많은 사람에게 다카오 산의 아름다움을 알리기 위해, 월 1회의 워크숍을 개최하고 1년에 걸쳐 트리 하우스를 함께 만들기로 했습니다.

호스트 트리로 선정된 것은 커다란 전나무였습니다. 하지만 현장의 경사가 심해서 도저히 워크숍 등이 불가능하다는 게 문제였죠. 그래서 먼저 베이스가 되는 넓은 발판을 구축하고 거기서부터 작업을 시작하기로 했습니다. 이 트리 하우스는 침엽수가 중심을 관통하는 미국적인 스타일로 설계했습니다.

워크숍에는 연 1,000명 이상의 사람들이 참가했는데, 대부분이 순수하게 트리 하우스를 만들고 싶어서 온 사람들이었습니다. 워크숍에 참가하는 사람이 늘어나면서 다카오 산의 경이로움과 고속도로 설계 계획을 알게 된 사람도 많아졌습니다.

신주쿠에서 1시간 안에 닿을 수 있는 곳에 울창한 자연이 있습니다. 자연과의 거리는 물리적 거리라기보다 가보고 싶다고 열망하는 정신적인 거리라고 생각합니다. 모든 분들이 이 트리 하우스의 완성을 통해 자연과의 거리가 좁혀질 수 있길 기대합니다.

⌂ **DATA**
위치: 도쿄 하치오지 시(東京都八王子市裏高尾町)
이용 방법: JR 중앙선 / 게이오선 다카오 역에서 하차.
히카게 버스 정류장에서 하차, 버스 진행 방향으로 도보로 2분. '숲의 도서관' 간판 오른편에 있음.
문의: kenju_sakata@yahoo.co.jp
※ 워크숍 개최 시에만 이용 가능합니다.

1 자연의 느낌이 풍성한 다카오 숲. 2 워크숍에 참여한 모두가 발판을 함께 만들었다. 3 참여한 모두가 볼 수 있게 그린 트리 하우스 예상도. 4 커다란 창문에는 컬러풀한 스테인드글라스 작업을 했다. 5 지붕 설치 작업을 하는 중이다. 6 산의 경사진 부분에 트리 하우스를 무사히 완성했다. 7 건십회에서 다과회를 열었다는 걸 알리는 공지문. 8 나무에 둘러싸인 다카오의 트리 하우스는 많은 사람들의 휴식처가 되었다. 9 따스한 느낌이 있는 미국적인 스타일의 트리 하우스. 문에는 'TAKAO TREEDOM'이라고 쓰여 있다. 그 위에는 아름다운 자연을 볼 수 있다는 의미의 '눈' 모양 스테인드글라스로 창문을 만들었다.

수령 100년의 거목에 세운 트리 하우스

이와세 목장 트리 하우스
2007년 9월 완성
호스트 트리: 상수리나무

디테일에도 신경을 쓴 13제곱미터의 집

일본 최초의 국영 목장으로 알려진 이와세 목장. 지금은 농업 체험이나 버터 만들기 교실, 승마 등을 즐길 수 있는 관광 목장으로 사랑받고 있습니다. 그러한 목장에서 '아이들이 즐길 수 있는 트리 하우스를 부탁한다'는 의뢰가 들어와 제작한 것이 바로 이 트리 하우스입니다.

호스트 트리는 상당히 훌륭한 상수리나무입니다. 상수리나무는 원래 땔감으로 쓰기 위한 나무입니다. 어느 정도까지 성장하면 잘라서 장작으로 쓰기 때문에, 크게 자라는 경우가 많지 않습니다. 하지만 이 상수리나무는 국영 목장이라는 역사가 있었기 때문인지, 잘리지 않고 남아 거목으로 성장한 것 같습니다.

나무가 컸기 때문에, 트리 하우스도 13제곱미터 정도로 넓게 만들 수 있었습니다. 두 개의 상수리나무를 걸치도록 기초를 짜고, 그 위에 하우스를 만들었습니다. 외벽은 기와처럼 겹겹이 쌓아 올린 싱글우드였지요. 지금까지는 나무 색을 살린 외벽이 대부분이어서, 이번에는 녹색으로 색을 칠해보았습니다.

세부적으로도 신경을 써서 가공했습니다. 발판의 난간은 각목을 그라인더로 깎아 밧줄 모양으로 만들었고, 구름다리의 발판도 조각으로 장식했습니다. 오랜 시간 남아 있을 것이므로, 제재소로부터 받은 재료 그대로 사용하는 것이 아니라 정말 제대로 된 작품을 만들고 싶었습니다. 트리 하우스의 일인자 피터 넬슨이 저서에서 소개해준 것도, 그러한 섬세한 디테일 때문인 것 같습니다.

DATA

위치: 후쿠시마 현 이와세 군 (福島県岩瀬郡鏡石町桜町 225)
이용 시간: 9:00~16:30
이용 기간: 연중무휴
입장료: 대인 500엔, 어린이 200엔(7, 8, 12~3월은 무료)

※ 우천 등 기상 상태에 따라 이용이 불가능한 경우가 있습니다.

1 수령 100년을 넘은 상수리나무에 세워진 트리 하우스. 벽은 파도 모양으로 조각했다. 2 구름다리를 건너 마지막 계단을 오르면 안채로 들어선다. 3 난간은 각목을 그라인더로 깎아 밧줄과 같은 모양으로 가공했다. 4 전통 있는 이와세 목장에 거목 세 그루를 바탕으로 한 넓이 약 7제곱미터의 전망대가 탄생했다. 이곳은 많은 가족들이 찾아오는 명소가 되었다. 5 트리 하우스를 지탱하는 기둥에도 나무마다 아름다운 파도 모양이 새겨져있다. 6 볼트(TAB)를 보강해 커다란 트리 하우스를 지탱하고, 나무와 건물 사이를 연결했다.

COLUMN

세계의 트리 하우스 빌더

GTS에는 세계의 트리 하우스 빌더들이 강의를 들으며 자연이나 수목에 대한 이해를 높인다.

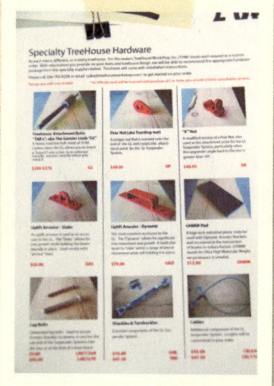

트리 하우스 전용의 부속품이나 볼트 종류도 소개되어 있다.

일본의 기술과 디자인은 세계적으로 인기

저는 TAB 공법을 개발한 미국 그룹의 영향을 받았습니다만, 세계에는 여러 스타일로 트리 하우스를 만들고 있는 사람들이 있습니다.

매년 전 세계의 빌더와 수목의사, 건축가 등이 참가하는 '글로벌 트리 하우스 심포지엄(GTS)'이 열려 어떠한 제작 방법이 좋겠다거나 이런 식의 사고가 일어났다는 등 세계 각지의 여러 사례들을 공유하는 시간을 가집니다. 참가자들은 이 심포지엄에서 최신 정보를 가져가 자기 나라에 적용하는 체계적 활동을 하고 있습니다. 원래 트리 하우스는 셀프 빌드(Self-Build) 방식이기 때문에 제작 방식이 자유롭습니다. 심포지엄에서 얻은 정보를 살려서 독자적인 방식을 만드는 경우도 있습니다. 프랑스의 어느 팀은

재료에 대한 의견을 교환하고
트리 하우스 만들기 체험을 하고 있다.

과거 워크숍에서 만든
트리 하우스.

 가구에 이용하는 굴곡 기술을 응용하여 나선형의 나무 계단을 만들고 있다고도 합니다. 미국에는 핸디캡이 있는 사람들로 구성된 트리 하우스 제작 그룹도 있습니다.
 나라에 따라서 여러 특징이 있습니다. 미국의 트리 하우스는 남성적인 경향을 띠지요. 프랑스는 와인이 어울릴 것 같은 세련된 디자인이 특징입니다. 태국은 마루가 대나무, 지붕이 야자 잎으로 만들어져 동남아시아의 원시적인 느낌이 살아 있는 트리 하우스가 많습니다. 일본의 트리 하우스는 아무래도 디테일에 대한 고집이 특징이겠지요.
 GTS에는 제 강의도 있습니다. 일본의 기술과 독창적 디자인을 보기 위해 전 세계의 빌더들이 모이는, 인기 있는 강의이기도 합니다.

나무에 새긴 피스 마크.
이 셀프 빌더는 동심에 가득 차
있는 것 같습니다.

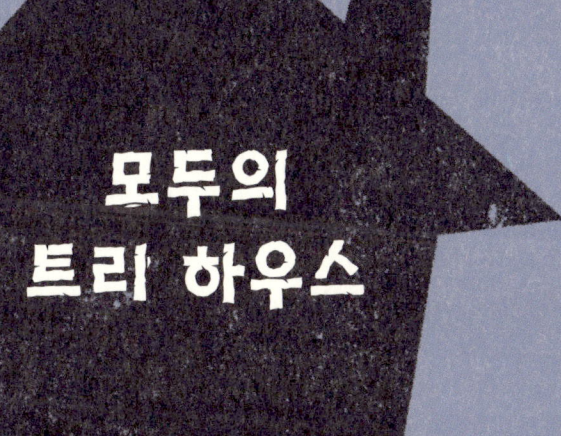

CHAPTER
3

모두의
트리 하우스

아이들의 꿈을 실은 트리 하우스

아스나로 유치원 투모로우 호

2010년 7월 완성
호스트 트리: 녹나무

닻과 조타륜을 달고 태어난 트리 하우스

도쿄의 가츠시카 구에 있는 아스나로 유치원 마당에는 커다란 녹나무가 있습니다. 여기에 아이들을 위한 트리 하우스를 만들게 되었습니다.

처음 떠올린 디자인의 모티프는 성(城)이었지만 최종적으로는 배(船)로 확정했습니다. 저에게 배는 어떤 것에도 사로잡히지 않는 자유의 상징입니다. 그것을 형상화해보겠다 마음먹었습니다.

배로 결정한 것은 좋은 선택이었지만, 배 특유의 곡선 느낌을 내는 작업은 너무 힘들었습니다. 얇은 재료를 아슬아슬하게 구부리고 고정하는 것은 트리 하우스 제작에 있어 드문 작업입니다.

배 측면에는 나무로 만든 닻을 내리고, 발판에는 조타륜도 달았습니다. 아래에는 유목을 이용해 물보라를 표현하는 등 세세하게 신경을 썼습니다.

도료는 일반 건축에서는 잘 사용하지 않는 에코(친환경) 도료를 사용했습니다. 이 도료를 사용하면 알레르기가 있는 아이도 안심입니다. 스테인드글라스도 아크릴을 사용했습니다.

유치원의 이름인 '아스나로(あすなろ)'는 편백과에 속하는 일본 특산의 상록 교목인 나한백(히바나무)를 의미합니다. 아스나로는 노송나무와 닮았지만 노송나무는 될 수 없기 때문에 '내일은 노송나무가 될 거야'라는 꿈을 품고 있다고들 하지요. 그런 이야기에서 착안해 '투 비 투모로우(to be tomorrow)'라고 이름을 지어봤는데 너무 길다는 의견이 있어 마지막엔 '투모로우(tomorrow)'로 정했습니다.

'투모로우' 호는 아이들에게 자랑거리가 될 만한 트리 하우스입니다. 이 아이들이 자라서도 졸업한 유치원을 자랑스레 떠올릴 수 있게 하는 트리 하우스가 되었으면 좋겠습니다.

위치: 도쿄 가츠시카 구(東京都葛飾区奥戸 3-28-21)

※ 일반 개방은 하지 않습니다.

1 실내에 있는 벤치에서 휴식도 가능하다. 스테인드글라스 풍의 창문은 안전을 위해 아크릴로 만들었다. 2 색감이 뛰어난 창문. 마치 해저에 있는 것처럼 바깥 풍경을 감상할 수 있다. 3 배의 뒤쪽. 유목으로 물보라를 표현했다. 4 배 모양의 이 트리 하우스에 가려면 긴 구름다리를 건너야 한다. '아스나로'라는 유치원의 이름에서 착안해 '투모로우'라는 명칭을 붙였다. 5 세 가지 색의 로프로 돛을 형상화했다. 6 트리 하우스의 옆에 달려 있는 닻. 7 발판에 있는 조타륜. 8 초록색으로 칠한 철제 계단을 통해 꼭대기에 갈 수 있다. 9 완성을 기념하는 이벤트로, 형형색색의 테이프를 늘어뜨렸다. 아래를 내려다보며 웃는 아이들의 얼굴이 눈부시다.

숲과 조화를 이루는
롯코 산의 트리 하우스

고난여자대학교 트리 하우스
2010년 6월 완성
호스트 트리: 굴참나무, 상수리나무

고베 항을 내려다보는 절경의 테라스

고베 항을 한눈에 볼 수 있는 롯코 산. 이 산에 있는 명문 대학인 고난여자대학교의 트리 하우스를 소개합니다. 앞으로의 자연환경에 대해서 생각과 고민을 아끼지 않는 학생을 키우고 싶다는 생각으로 만들게 되었죠.

여자대학교에서의 작업이라면 화려할 것 같지만, 실제로는 그런 즐거움을 잊어버릴 정도로 혹독한 작업이었습니다. 차량은 학교 아래까지밖에 들어가지 못하고, 거기서부터 산의 경사면이 60미터 가량이나 이어진 것입니다. 그런 환경이었던 만큼 롯코 산의 자연은 잘 보존되어 있었지만, 재료를 반입하는 일 자체가 너무 힘들었습니다. 굵은 나무가 별로 없었기 때문에 호스트 트리로 여섯 그루의 굴참나무와 상수리나무를 사용했습니다. 이번에 지을 트리 하우스의 콘셉트는 소라고둥이었습니다.

하지만, 머리에 떠오른 이미지를 실제로 만드는 것은 상당히 어려웠습니다. "외관의 라인은 나선 형태도 괜찮지만, 실내는 어떻게 하지? 바닥 부분도 나선 형태로 만들어야 하나?" 이런 고민도 했습니다. 그야말로 시행착오의 연속이었습니다. 트리 하우스를 디자인하면서, 우리는 실제로 소라고둥의 구조를 연구했습니다. 그래서 지붕과 벽의 라인은 나선 형태로 만들고, 바닥 부분은 수평으로 제작했습니다.

대학 측의 요청대로 자연 그대로의 모습을 고수하기 위해 난간 등의 재료는 롯코 산에 있는 나무를 쓰고, 흙벽 역시 롯코 산의 흙을 사용했습니다. 자연에 있는 것 그대로를 사용했기 때문에 트리 하우스가 숲에 완전히 동화되었습니다. 롯코 산에 있는 배움의 전당에도 절경이라 할 만한 테라스가 탄생한 것입니다.

 DATA

위치: 효고 현 고베 시(兵庫県神戸市東灘区森北町 6-2-23)

1 발판에 올라서서 나선 형태의 계단을 오르면 트리 하우스로 갈 수 있다. 2 따스함을 느낄 수 있는 흙벽. 정중앙에 있는 나무의 계단을 오르면 꼭대기에 닿는다. 3 넓은 창문 너머 푸른 풍경들이 보인다. 4 흙벽에는 커다란 피스 마크가 새겨져 있다. 5 지붕을 지탱하는 목재는 기둥에서부터 방사 형태로 뻗어 있다. 천장의 채광도 고려했다. 6 롯코 산에서 솎아낸 나뭇가지를 이용해 난간을 만들었다. 한 그루 한 그루 껍질을 벗겨 재사용했다. 7 소라고둥 껍질 모양의 스테인드글라스. 8 문도 소라고둥의 이미지를 형상화했다. 옆에는 선반도 만들었다. 9 나선 모양의 아름다운 외관은 소라고둥에서 착안한 것이다.

도시와 자연을 아우르는 별 모양의 트리 하우스

아담엣로페 바이오톱 트리 하우스
2010년 3월 완성
호스트 트리: 녹나무

사람과 거리, 자연이 융합된 바이오톱(Biotope)

패션 브랜드 아담엣로페(Adam et Rope)의 본점에 도시형 트리 하우스가 탄생했습니다. 스타일리스트인 쿠마가이 타카시 씨가 디렉팅을 맡고, 제가 리뉴얼 작업의 프로듀싱을 맡았습니다.

시로카네다이라는 도쿄의 한적한 주택가에 있는 이 가게는 20년 전에 세워졌다고 하지만, 세월이 느껴지지 않는 전위적인 건축물입니다. 마당에는 녹나무가 서 있었습니다. 주변을 좀 정리하고 조금 손을 보면 재미있는 트리 하우스가 될 것 같다고 느꼈습니다.

콘셉트는 '도시의 바이오톱'입니다. 말 그대로 인간을 포함한 특정 생물이 모여 사는 하나의 작은 생태계 생활권을 만들어내려는 것입니다. 건물과 안뜰을 경계 짓는 것이 아닌, 풍성한 자연의 녹색으로 물든 트리 하우스가 있는 공간으로 말입니다.

독특한 트리 하우스를 계획한 만큼 재료도 독특했습니다. 보스턴 앤티크 거리에서 1950년대 빌딩의 창틀이나 스테인드글라스, 나무의자 등을 사왔습니다. 창문과 창틀 위주로 트리 하우스를 만드는 것은 그때까지 없던 방법이지만, 도시 특유의 세련된 모습으로 마무리를 했습니다.

그런데 건물의 3층 높이에 있는 트리 하우스이기 때문에 곧장 올라가는 게 어려웠습니다. 그래서 건물에 비상계단을 설치하여 그쪽으로 출입하도록 했습니다. 또한 2층의 숍을 통해서도 들어 갈 수 있게 했습니다. 언뜻 보면 트리 하우스와 건물이 이어져 있는 것처럼 보이지만 나무는 바람에 흔들리거나 성장을 하기 때문에 둘이 연결되어 있진 않습니다.

사람과 거리, 자연이 융합된 바이오톱으로서의 트리 하우스. 첨단 유행을 선도하는 패션 브랜드와 자연의 상징인 트리 하우스가 하나된 공간이 탄생한 것입니다.

🏠 DATA
위치: 도쿄 미나토 구 (東京都港区白金台 4-6-44)
이용 시간: 11:00~20:00
정기 휴일: 연중무휴

1 도시에 세운 별 모양의 트리 하우스. 2 도쿄 시로카네다이에 있는 아담엣로페의 본점. 3 앤티크 풍의 창과 틀로 완성한 현관과 실내. 4 건물 옆 계단을 통해 트리 하우스로 갈 수 있다. 5 빨간 라운드 데이블로 차분한 공간을 연출했다. 6 껍질을 벗긴 나무를 재이용해 만든 벽과 라이트. 창문은 스테인드글라스, 창틀은 1950년대 NY빌딩에서 가져온 오래된 재료다. 7 아래 발판에는 멋진 벤치가 있다. 8 가장 꼭대기에 있는 계단에는 'TREEDOM'을 새겼다. 9 트리 하우스를 바라보며 식사가 가능한 2층 카페 겸 레스토랑.

아이들의 성장을 지켜보는
계단 없는 트리 하우스

아가리에 유치원 트리 하우스
2009년 1월 완성
호스트 트리: 느티나무

가지가 많은 느티나무를 살린 어린이 놀이터

도쿄의 가츠시카 구에 있는 아가리에 유치원 원장님으로부터 "저희 유치원에 트리 하우스를 만들어 주실 수 없을까요?"라는 문의를 받았습니다. 유치원에 가 보니 느티나무가 있었습니다. 느티나무는 대나무 빗자루를 거꾸로 세운 것 같은 모양이어서, 다른 나무에 비해 가지가 많아 트리 하우스 만들기에 그리 적합하지 않습니다. 더욱이 그 나무는 20년 전에 심은 나무로 땅에 충분히 뿌리 내리지도 않았고 줄기도 덜 성장한 상태였습니다. 그러나 가지를 다듬고, 줄기를 모아 건물을 지탱하게 하면, 어떻게든 가능할 것 같았습니다.

가지가 많은 나무이므로 늘 하던 것처럼 나무 아래에서 집을 임시로 만들어 위로 올리는 방법은 맞지가 않습니다. 나무 위에서 작업을 하되, 가지 위치에 맞춰서 벽에 구멍을 뚫어가는 방식으로 진행해야 했습니다. 그러한 어려움으로 인해 디자인에 완벽히 집중할 수는 없었지만, 결과적으로 가지 형태를 살린 아주 흥미로운 트리 하우스가 완성되었습니다. 다만 봉처럼 생긴 로프를 잡고 올라가야 트리 하우스에 들어갈 수 있다는 게 맘에 걸렸습니다. 하지만 원장님은 "어느 정도 힘이 있는 아이만 오를 수 있으면 됩니다. 어린 아이들은 아직 올라가지 못하지만, 나이가 들면 절반 이상의 아이들이 오를 수 있게 될 테니까요. 그런 트리 하우스라면 괜찮습니다."라고 말했습니다. 아이들의 빠른 성장 속도에는 정말로 눈이 휘둥그레집니다. 금세 트리 하우스에 오를 수 있는 체력과 높이에 대한 공포심을 뛰어넘는 정신력까지 생기겠죠.

완성된 트리 하우스의 특징은 뭐니 뭐니 해도 계단이 없다는 것입니다. 그런 이유로 아이들의 성장 과정을 눈으로도 볼 수 있는 조금은 색다른 트리 하우스입니다.

 DATA

위치: 도쿄 가츠시카 구(東京都葛飾区東金町 2-25-12)

※ 일반 개방은 하지 않습니다.

1 유치원 내에 있는 커다란 느티나무. 2 가지가 많은 느티나무에 맞춰 가지 위에 판자를 걸치고 작업을 시작했다. 3 나무 위에서 건물을 조립하고 있다. 4 그물 다리를 건너 전망대로 가면 마당과 유치원이 내려다보인다. 5 가지의 형태를 그대로 살린 트리 하우스를 완성했다. 6 아이들은 녹색 로프를 타고 트리 하우스에 오를 수 있다. 처음엔 오르기 힘들어 하지만, 건물에 올라갈 수 있는 아이를 동경하는 마음에, 도전하는 아이가 점점 많아진다. 7 맨 꼭대기에는 아이들이 놀 수 있는 발판을 설치했다.

COLUMN

트리 하우스와 자연

보다 깊은 자연을 피부로 느끼는 계기

볼트로 고정한 트리 하우스를 보고 "이 집은 정말로 자연 친화적입니까?"라고 묻는 사람들이 있습니다. 확실히 나무에 볼트로 구멍을 뚫는 것이나, 트리 하우스까지 오르는 길을 만드는 것은 자연 친화적이지 않을 수도 있습니다. 자연을 지키기 위해서는 '자연으로 들어가면 안 된다' '함부로 건드리면 안 된다'는 원칙을 지켜야 한다는 의견도 있습니다. 하지만 그것만이 자연을 지키는 방법은 아닙니다. 실제로 '자연으로 들어가 만져보고 나서야' 자연을 피부로 느낄 수 있고, 그 소중함을 알게 될 수도 있습니다.

트리 하우스를 통해 "나무가 불쌍해 보여." "나무가 자라면 집의 높이도 올라갈까?" 등의 의문을 가지면서 나무에 대한 흥미가 생길 겁니다. 그런 흥미에서부터 시작하여 나무와 나무가 있는 숲에 대해, 더 나아가 자연 전체를 생각하게 될 것입니다. 트리 하우스를 체험하면서 자연의 아름다움과 풍요로움을 깨닫는 경우도 많이 있습니다. 그러한 의미에서 트리 하우스는 자연을 피부로 느끼기 위한 장치이기도 합니다.

물론 트리 하우스는 나무에 적지 않은 영향을 줍니다. 그래서 저는 나무에 대한 경외감을 잊지 않도록 노력하며 트리 하우스를 디자인합니다.

이전에 트리 하우스를 만든 유치원의 원장님에게서 "아이들이 나무를 가까이 하고 자주 만져서, 나무도 즐거워하는 것 같습니다."라는 얘길 들었습니다. 나무에게는 다소 부담이 될 수도 있지만 이렇게 모두의 관심을 받는 자체가 나무를 더 건강히 자라게 할 것입니다. 그렇다면 자연과의 이러한 관계 역시 서로에게 좋은 것 아닐까요. 전 그렇게 생각합니다.

CHAPTER 4

은신처가 된 트리 하우스

별이 된 딸을 위한 특별한 공간

별의 요람 트리 하우스
2010년 11월 완성
호스트 트리: 칠엽수

딸의 소원을 이루어준 '나무 집'

"죽은 딸의 꿈이었던 트리 하우스를 만들고 싶습니다." 수년 전, 가루이자와에 살고 있는 S씨로부터 연락을 받았습니다. 마당에 있는 칠엽수에 트리 하우스를 만들고 싶다는 것이었습니다. 단, 칠엽수 옆 나무에 사는 하늘다람쥐가 겁먹지 않게 작업해달라고 부탁했습니다. 저는 야생동물은 경계심이 강하므로 도저히 무리일 것 같다고 거절했습니다. 그로부터 2년 후, 하늘다람쥐가 다른 장소로 이동했다는 연락이 왔습니다. 그때부터 트리 하우스 짓기를 시작했습니다.

"옆에 3층 집이 있어서, 주위 경치는 이미 눈에 익었기 때문에 지금보다 높은 장소에 트리 하우스를 만들었으면 해요. 그렇게 하면 창문을 통해 아사마 산을 볼 수 있겠죠. 내부는 가능하면 노송나무로, 그리고 실내조명은 마치 밖에서 켠 듯이 만들어주세요. 제대로 잠도 자고 편히 쉬고 싶습니다." S씨가 많은 제안을 했기 때문에 만드는 입장에서 작업이 쉽지는 않았습니다. 하지만 겨울이 긴 지역이므로 겨울에도 사용할 수 있는, 자택도 바로 옆이니 일상적으로 사용할 수 있는 트리 하우스를 만들어달라는 그녀의 모든 소원을 이뤄주기로 했습니다.

완성된 트리 하우스는 거실이 7제곱미터 정도, 로프트(다락방 격의 공간)는 3제곱미터 정도의 넓이입니다. 내부는 모두 노송나무로 만들었습니다. 계단을 올라가면 센서로 실내 조명이 켜집니다. 벽에는 단열재, 창문에는 이중 유리, 바닥에는 난방까지 설치했습니다. 철저하게 거주를 목적으로 하는 본격 트리 하우스가 탄생한 것입니다.

밤이 되면 조명이 아름다워서 지나가던 사람들까지 차에서 내려 사진을 찍을 정도입니다. 이 트리 하우스는 현재 가루이자와의 조그만 명소가 되어 있습니다.

 DATA

위치: 나가노 현 기타사쿠 군(長野県北佐久郡軽井沢町)

※ 개인 자택으로 이용 중입니다.

가문비잣나무에 지은 커다란 트리 하우스. S 씨의 자택에 있는 트리 하우스에 오듯 또 많은 사람들이 놀러 오곤 그에게 바라는 쉴 수 있는 모든 것이 담겨져 있다. 이 트리하우스에서 누구나 그랬던 것처럼 마음의 평온을 얻을 수 있기를.

1 2층짜리 트리 하우스. 1층엔 거실, 2층에 로프트가 있다. 2 발밑을 비추는 전등. 3 친구도 초대할 수 있도록 입구에는 총 네 칸의 신발장을 준비했다. 4 자택 바로 옆이 트리 하우스로 오르는 계단이다. 이 아름다운 난간은 가루이자와의 철제소리공방에서 만들었다. 5 2층 로프트에서 조망한 풍경. 지붕 재료로 북미산 싱글우드를 사용했다. 마디가 없어서 비가 그대로 흘러내린다. 6 실내는 전부 노송나무, 창문은 이중유리다. 7 테이블에 있던 나무의 옹이 부분을 타일로 알록달록하게 장식해보았다. 8 거실에서 로프트로 오를 수 있다. 9 벽에는 코트를 걸 수 있는 후크도 걸었다.

꽃의 명소에 만든
손자를 위한 선물

T저택 트리 하우스
2008년 4월 완성
호스트 트리: 삼나무

삼나무 향기 가득한, 남자아이의 아지트

후쿠시마 현에 있는 꽃의 명소, 하나미 산. 이곳은 벚꽃과 목련꽃이 만발하고 아름다운 명자나무가 있는 산입니다. 산 전체에는 휘파람새와 동박새의 울음소리가 울려 퍼지죠. 바로 이 하나미 산의 삼나무 숲에 트리 하우스를 만들었습니다.

호스트 트리는 삼나무입니다. 굵은 나무가 별로 없었기 때문에, 네 그루의 나무를 기둥으로 하여 트리 하우스를 만들었습니다. 삼나무 특유의 직선적인 형태에 맞춰 집의 디자인도 직선 형태로 만들었습니다. 외벽도 옆으로 두르는 것이 일반적이지만, 삼나무의 직선 모양을 살리기 위해서 굳이 세로로 두르기로 했습니다.

이 집은 모든 것을 나무로 만들었습니다. 재료는 후쿠시마에서 자란 삼나무입니다. 실내로 들어서면 삼나무 향기가 가득해서, 마치 삼나무 숲에 온 것 같은 느낌이 납니다.

이 트리 하우스는 할머니가 손자에게 주는 선물입니다. 아이의 엄마가 캐나다에 살고 있을 때 트리 하우스를 보고 이런 집을 아들에게 만들어 주고 싶다고 할머니에게 이야기했더니 "그렇다면 내가 선물하마."라고 말씀하신 겁니다.

그래서 초등학교 1학년 정도의 남자아이가 사용하는 아지트를 콘셉트로 하여 트리 하우스를 만들었습니다. 아이의 성장에 따라 용도를 바꿀 수 있도록 내부는 간단한 벤치와 테이블 정도만 배치했지요. 아이는 자라면서 놀이터나 아지트 등 다양한 방법으로 이 집을 즐길 겁니다.

 DATA
위치: 후쿠시마 현 후쿠시마 시(福島県福島市)
※ 개인 주택이므로 일반에 공개하지 않습니다.

1 2층 높이의 트리 하우스. 네 그루의 삼나무가 건물을 지탱하고 있다. 2 후쿠시마에 있는 꽃의 명소, 하나미 산. 벚꽃 놀이 시즌엔 많은 사람들로 붐빈다. 3 완성된 입구. 장난기 어린 문 디자인. 문 위쪽으로 채광이 가능하도록 되어 있다. 4 창문을 열면 기분 좋은 바람이 들어온다. 5 제작 중인 계단. 이 위에는 넓은 발판이 있다. 6 발판에 난간이 있고 건물엔 큰 창문도 있어서 아이의 놀이터로 안성맞춤이다.

하라주쿠에서 자연을 느끼다

하이드어웨이
1992년 완성
호스트 트리: 히말라야 삼나무

트리 하우스 인생의 출발점

트리 하우스를 만드는 계기가 되었던 장소, 바로 카페이자 바(Bar)인 '하이드어웨이'입니다. 제가 최초로 만든 트리 하우스이기도 합니다. 이 트리 하우스는 사실, 나무에 놓여 있지 않습니다. 하이드어웨이 건물 앞에 만든 오두막이 히말라야 삼나무를 둘러싸고 있으며, 그 오두막을 두 개의 기둥이 지탱하고 있을 뿐입니다.

엄밀히 말하면 트리 하우스가 아닐 수도 있지만, 그때까지 건물 밖에 있는 나무가 실내에 들어온다는 느낌, 그 존재감은 압도적이었습니다. 바람에 흔들리면 삐걱삐걱 소리를 내고, 줄기를 따라 비가 스며들어오는 걸 보면서 나무가 살아 있는 생물이란 사실을 새삼 실감했습니다.

이 가게는 리모델링을 반복하면서 지금의 모양이 되었습니다. 발판을 2단 더 추가하여, 지금은 3층 높이의 트리 하우스가 되었습니다. 트리 하우스 내부는 손님들이 앉을 수 있는 공간이어서 붐빌 때엔 제가 설 자리마저 없어집니다. 하지만 그런 때조차 저 혼자 있을 수 있는 공간이 필요하다고 생각했기 때문에, 트리 하우스 위에 몸을 숨길 수 있는 방처럼 발판을 하나 만들었습니다. 거기에 오는 것은 저와 그 위에 둥지를 틀고 있는 까마귀뿐이지요. 하라주쿠라는 시끌벅적한 곳에서 자연 속의 조용한 시간을 가질 수 있는 것도 '하이드어웨이'이기에 가능한 것입니다.

문을 연 지 어느덧 20년이네요. 히말라야 삼나무의 줄기가 두 배는 굵어졌을 만한 세월이 흘렀습니다.

비일상적인 공간이면서, 도피할 수 있는 장소도 되고, 사회의 굴레로부터 일정 거리를 유지하도록 하는 보금자리. 제가 하라주쿠 거리에 있을 때, 유일하게 마음의 안정을 느낄 수 있는 소중한 장소입니다.

 DATA

위치: 도쿄 시부야 구 (東京都渋谷区神宮前 3-20-1-202)
이용 시간: 12:00~23:00
정기 휴일: 수요일

1 트리 하우스에 대한 책들을 진열해놓았다. 2 지붕 위 발판에 올라가면 도시의 떠들썩함과는 이별이다. 3 바람이 불면 트리 하우스는 히말라야 삼나무와 함께 흔들리며 삐걱댄다. 4 유목으로 장식물을 만들고 콘센트는 빈 깡통을 재활용했다. 5 하라주쿠에서 고적한 시간을 보낼 수 있는 비일상적인 공간. 6 가게와 함께 히말라야 삼나무도 자라나고 있다. 7 하라주쿠 뒷골목에 있는 하이드어웨이의 입구. 8 유리문에는 법랑 간판 속 트리 하우스가 그려져 있다. 9 가게 위에 있는 나의 은신처로 오르는 발판. 비밀 장소인 셈이다.

COLUMN

트리 하우스 빌더라는 직업

'크리에이터' 로서의 삶

제게는 그동안 소중히 여겨온 아이 같은 마음이 있습니다. 트리 하우스는, 그 마음을 집의 형태로 만든 것입니다. 그래서 이 마음을 가능하면 순수한 상태로 보존하고 싶습니다. 그래서 20년간 트리 하우스를 계속해서 만들어왔고, 이 작업을 가지고 단 한 번도 대가를 얻어야 할 '일'이라고 생각해본 적이 없습니다.

효율적인 의미의 '일'이란, 시간과 돈을 최소한 들이고 사용을 최우선으로 여기면서 목적지까지 최단 거리로 가는 것입니다. 하지만 트리 하우스를 만드는 작업은 쓸데없는 일투성이입니다. 안 해도 될 일을 일부러 하기 때문에 시간도 돈도 많이 듭니다. 이것을 일이라고 생각하면 자신이 생각하는 트리 하우스를 만들 수 없게 됩니다. 딱 잘라 결론짓는 것은 매우 어렵습니다. 작가들도 그러할 텐데, 자신의 이름을 걸고 판매하는 그림을 쉽게쉽게 그럭저럭 그릴 수 없는 것과 마찬가지입니다.

트리 하우스를 직업으로 하고 있는 후배 빌더들은 많이 있고, 빌더를 양성해가는 것에서도 보람을 느끼고 있습니다. 하지만 저는 삼라만상을 내 안에 담고, 나무와 소통하며 '무언가'를 만들어내는 작업에 큰 의미를 두고 있는데 그 '무언가'가 바로 트리 하우스입니다. 그래서 저는 제 스스로를 단순한 빌더가 아닌, '크리에이터(창조자)'라고 생각합니다.

도대체 트리 하우스에 어떠한 의미가 있는지 물어오면 달리 대답할 말이 없습니다. 굳이 뭔가를 알리고 싶지도 않고요. 단지 트리 하우스를 보면서 무언가를 느끼게 되었으면 좋겠습니다. 이 나라에는 그동안 존재하지 않았던 트리 하우스가 새로운 문화를 만들어가고 있다는, 저의 이런 생각들을 말입니다.

저에게 있어서 트리 하우스는 '필생의 사업'이고, 그래서 이것은 어쩌면 제 자신 그 자체이기도 합니다.

패션 빌딩에 지은
높이 10미터의 트리 하우스

이무즈 드리프팅 하우스
2011년 6월 완성
호스트 트리: 녹나무

부드러운 라인이 인상적인 트리 하우스

하카타텐진에 있는 패션 빌딩 이무즈의 '스킵 플로어(skip floor, 건물 가장 아래층부터 천정까지 막힘없이 뚫려 있는 건축 양식) 스페이스'에 한정적으로 전시된 것이 이무즈 드리프팅 하우스입니다.

트리 하우스의 모티프는 소라입니다. 녹나무에 유목을 둘러 계단을 만들고, 그 안에 트리 하우스를 만들었습니다.

호스트 트리는 도로를 만들기 위해서 벌채했던 녹나무입니다. 이 나무를 도려내어 안에 쇠막대를 넣고 하부 토대에 H강을 설치해 똑바로 세웠습니다. 그리고 줄기나 가지를 자르고 나누어, 건물 내에서 트리 하우스를 조립했습니다.

건물 내에서 공개 제작을 했기 때문에, 완성을 기다리는 손님들이 즐거운 마음으로 많이 구경하러 와주었습니다. 그중에서도 가장 즐거워한 분들은 이무즈의 각 점포에서 일하고 있는 직원들이었습니다.

점심시간이 되면 직원들이 모여 "올라가 봐도 괜찮을까요?"라고 묻기도 하고, 아이스크림 가게나 케이크 가게 직원 분들이 음식을 보내기도 했습니다. 작업 소리도 시끄럽고 먼지도 많아 많은 분들에게 폐를 끼친다고 생각했는데, 누구도 불평하지 않고 지켜봐주었습니다. 그러한 사람들의 협력 속에 탄생한 트리 하우스입니다.

일본 각지의 유목을 재활용한 것에서 착안하여 이 집의 이름은 드리프팅 하우스(Drifting House, 표류하는 집)가 되었습니다.

DATA
텐진 이무즈
위치: 후쿠오카 현 후쿠오카 시(福岡県福岡市中央区天神 1-7-11)
※ 2011년에 'IMS 여름 축제'의 일환으로 제작됐습니다. 일본의 자연과 풍성한 숲에 경의를 표하고, 꿈과 모험심을 잊지 않겠다고 다짐하는 프로젝트입니다.

완전 자립형 유목 하우스

그린룸 페스티벌 2011 트리 하우스

2011년 5월 완성
호스트 트리: 유목

바다의 멋진 풍경을 전달하는 페스티벌의 얼굴

매년 요코하마에서 열리는 그린룸 페스티벌(Greenroom Festival)은 서핑 문화를 주축으로 하는 야외 축제입니다. 국내외의 아티스트가 참여하여 다양한 음악과 예술, 영상을 통해 바다와 해변의 멋스러움을 고스란히 담아내는 축제입니다.

제가 이 축제에 참여한 것은 2008년부터입니다. '페스티벌의 얼굴'을 만들어달라는 의뢰를 받고 트리 하우스를 만들게 되었죠. 3년 동안은 건물의 일부와 발판을 만들기 위해 파이프를 이용한 건축물을 지었는데, 2011년에 완전 자립형으로 완공했습니다. 말 그대로 유목으로 만든 네 그루의 기둥과 건물이 일체된 구조입니다. 동일본 대지진이 발생한 이후 생명이 다시 힘차게 태동하는 것을 이미지화하여 만든 것입니다.

나무가 없는 곳에 트리 하우스를 만들어야 했기 때문에 나무를 대신할 유목을 찾아다녔습니다. 이즈, 치바, 도쿄 만(灣)을 돌아다니며 4톤 차량 세 대 분의 유목을 줍고, 그렇게 모은 약 12톤의 유목을 전부 사용했습니다.

이벤트를 위한 건물이므로 제작을 완료해야 할 시간도 정해져 있었습니다. 나무를 옮겨놓은 다음부터 개장 때까지는 약 하루 반 정도의 시간밖에 없었습니다. 하지만 다행히 이 현장에는 신뢰할 수 있는 스태프들이 있었습니다. 서로 손발이 척척 맞아서 '저 친구가 저렇게 작업한다면 이쪽은 이렇게 만들어야지' 이런 생각을 하며, 마치 음악 세션을 하듯 집을 만들었습니다. 기존의 트리 하우스 제작과는 다른 재미를 이 이벤트에서 느낄 수 있었습니다.

손님들이나 참가 아티스트 모두가 즐거워하기 때문에, 축제의 규모도 매년 커지고 있습니다.

DATA

그린룸 페스티벌(Greenroom Festival)
서핑, 해변 문화를 살리자는 취지의 문화 축제. 전국에서 급속도로 멸실되고 있는 해변을 보호하여 아이들에게 소중히 물려주자는 운동의 일환입니다.

이틀 만에 만드는 트리 하우스

지구의 노래 2011 트리 하우스
2011년 10월 완성
호스트 트리: 삼나무

매년 변화하는 트리 하우스

저는 일본 주에스 지진 부흥 이벤트인 '지구의 노래(Song Of The Earth)'에 매년 참가하여, 자원봉사로 트리 하우스를 만들고 있습니다. 양초 아티스트인 캔들 준 씨가 주최하는 이 행사에 참가한 지 3년째인 2011년에는 폭설을 견딜 수 있는 견고한 집을 만드는 것을 목표로 트리 하우스를 제작했습니다. 그전까지 만든 유목 트리 하우스는 폭설 때문에 1층쪽 발판이 눈에 파묻혀 볼트가 부러지는 등의 피해를 입었기 때문입니다.

모두 자원봉사로 참여하는 이벤트이므로 제작 기간이 이틀밖에 없었습니다. 우선 이전 건물을 모두 철거한 후 벽과 창을 만들었습니다. 피스 마크를 만드는 위치도 유목 부분이 아니라 창틀로 변경했습니다. 지붕을 만들 시간이 없었기 때문에 일단 삼나무 잎을 달았습니다. 다음 해에 지붕을 설치하고 스테인드글라스를 제작하려 합니다.

매년 이렇게 이틀간의 철야 작업을 하고 나면 마지막에는 정신이 없습니다. 그래도 계속 이 작업을 하고 싶다고 생각하는 건, 1년이 지난 후 다시 방문하면 "어서 오세요."하며 반갑게 맞아주는 현지인들의 환대가 있기 때문입니다. 손님도, 뮤지션도, 지역 사람들도 모두 한 몸이 되어 손님과 스태프가 동떨어진 느낌이 전혀 들지 않습니다. '사람의 힘을 모아서'라는 콘셉트에 딱 맞는 이벤트입니다.

자원봉사이기 때문에, 여기서는 더욱 순수한 마음으로 트리 하우스를 만들 수 있습니다. 진정 '트리 하우스를 만드는 즐거움'을 느낄 수 있어서 매년 오게 되는 건지도 모릅니다. 해마다 변화하고 성장하는 트리 하우스입니다.

 **DATA**

지구의 노래(Song Of The Earth)
매년 니가타 현의 가와구치 운동공원에서 열리는 이벤트입니다. 현지 젊은이들과 함께 주에스 지진의 충격에서 벗어나 니가타가 다시 부활하길 바라는 촛불을 밝히고, 라이브 공연이나 다양한 이벤트, 추모식을 열고 있습니다.

쉼터로 뛰쳐나간
그림 같은 트리 하우스

구라시키 미라이 공원 트리 하우스

2011년 11월 완성
호스트트리: 단풍나무

보는 즐거움이 가득한 귀여운 트리 하우스

오카야마 현 구라시키에 있는 구라시키 치보리 공원을 재개발한 뒤 '미츠이 아울렛 파크 구라시키'가 세워졌습니다. 거기에 기념이 될 만한 트리 하우스를 만들게 되었지요. 지붕을 모두 녹색으로 만들고 벽 일부는 철제 금속을 이용하여 실제로 오르는 것이 가능하도록 한 트리 하우스입니다.

그 트리 하우스보다 한발 빨리 완성된 것이, 구라시키 미라이 공원의 트리 하우스입니다. 이 공원은 구라시키 치보리 공원의 일부를 시(市)에서 사들인 뒤, 시민의 쉼터로 만든 공원이며 미츠이 아울렛 파크와 인접해 있습니다.

호스트 트리는 공원에서 원래 자라고 있던 단풍나무입니다. 이 나무에 그림책에서 튀어 나온 것 같은 트리 하우스를 디자인했습니다. 이 트리 하우스는 실제로 올라갈 수는 없고, 아래에서 올려다보며 즐길 수 있게 디자인했습니다. 그렇기 때문에 나무의 크기와 균형을 생각해서, 건물의 높이는 약 1.4미터 정도로 성인이 간신히 들어갈 만큼의 크기로 만들었습니다.

외관은 세 가지 색의 페인트로 칠했습니다. 오래된 느낌을 내기 위해 페인팅 후 표면을 일부러 벗기고 생기를 잃게 하는 등의 에이징 가공을 했습니다. 외벽에는 'PEACE(피스)' 글자를 파서 각각 잘라 붙이고, 뒤쪽 창문에는 피스 마크를 디자인한 스테인드글라스를 끼웠습니다.

실제로 들어가는 것은 불가능하지만 나무를 둘러싸듯 비치되어 있는 벤치에 앉아 트리 하우스를 올려다보면 평온한 기분을 맛볼 수 있을 겁니다.

DATA

위치: 오카야마 현 구라시키 시(岡山県倉敷市寿町 12-1)
이용 시간: 언제든 입장 가능

※ 트리 하우스 내부에 들어가는 것은 불가능합니다.

웃고 있는 것도 같고,
화내고 있는 것도 같은,
스테인드글라스 트리 하우스.
자연은 때때로
여러 가지 얼굴을 보여줍니다.

CHAPTER 6

트리 하우스를 만드는 법

나만의 트리 하우스 만들기

'나만의 트리 하우스를 갖는다.' 그 꿈은 이루어질 수 있습니다.

자연과 마주하면서 나무에 발판을 만들고, 거기에서 조용하고 한가로운 시간을 보내는 것. 매우 풍요로운 시간이겠죠. 빛과 바람의 방향 등 자연 조건을 고려하여 호스트 트리를 선택하고 동료들과 협력해 트리 하우스를 만드는 작업은 새로운 즐거움입니다. 성인 2명, 아이 2명이 지낼 수 있는 규모의 트리 하우스를 만들어봅시다.

여기에서는 트리 하우스 만들기의 기초 중의 기초를 알려드립니다. 주말에만 작업한다면 약 1년이 소요될 것입니다. 사계절의 변화를 느끼면서 차분히 완성하는 것을 목표로 해봅시다.

트리 하우스 만들기에 필요한 인원은 효율과 안전을 생각해서, 반드시 2명에서 4명 이상으로 해주시길 바랍니다.

STYLE
작업의 기본스타일

나무나 공구를 사용하므로, 양손에는 장갑이 필요합니다.

나무를 만지면서 생길 수 있는 상처를 예방하기 위해 긴소매, 긴 바지의 옷을 입는 게 최선입니다. 야외에서 장시간 작업하므로, 강한 햇살을 피할 수 있는 모자를 꼭 준비합시다.

필요한 공구를 넣을 수 있는 허리 공구 주머니가 있어야 편리합니다.

나무 위에서 작업할 때에는, 안전을 위해 반드시 등산 장비나 고소 작업에 필요한 접사다리, 안전망, 완강기, 추락방지대 등을 사용합시다.

GOODS
트리 하우스 작업에 필요한 기본 도구

톱
목재를 자를 때 사용함.

쇠망치
못을 박을 때 사용함.

곱자
목재의 직각을 내는 데 편리한 자.

임팩트 드라이버
나사 등을 박기에 편리한 전동 드라이버.

소형 발전기
전기가 없는 장소에서 작업하므로 발전기가 있으면 편리함.

둥근 톱
전동 톱. 사용하면 작업을 정확하고 빠르게 할 수 있음.

그라인더
목재의 표면을 깎거나 절단하는 데 사용함.

전기톱
목재를 절단하는 데 사용. 취급 시 매우 주의해야 함.

GOODS
필수 작업 용품

줄자
재료 등의 길이를 측정하기 위해 필요한 것.

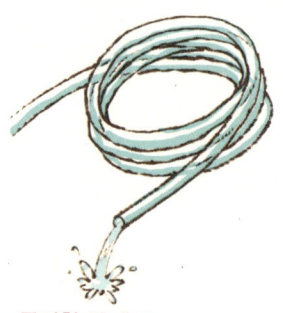

투명한 물 호스
플랫폼의 수평을 잴 때 사용함.

접사다리
높은 위치의 작업용으로 필요함. 일반 사다리도 괜찮음.

수평기
수평을 재는 장치.

하네스
안전을 확보하는 등산용 하네스. 고소 작업 시 추락방지대로도 사용 가능함.

MATERIAL
트리 하우스 작업의 기본재료

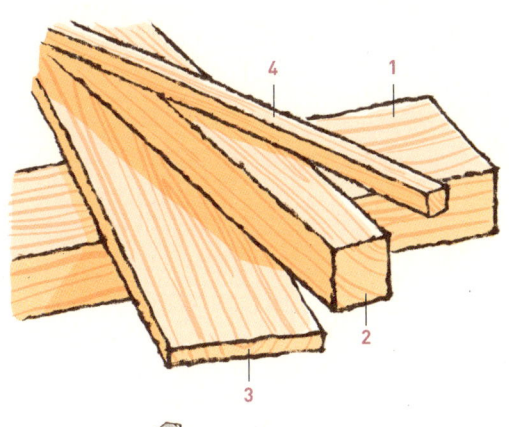

판재

1 보
집의 토대이므로 가장 강도가 세야 함.
적어도 12×18센티미터의 각목이 필요함.

2 장선
보 위에 늘어놓는 재료. 기둥과 울타리 등의 지주를 고정하므로 12×12센티미터의 각목이 필요함.

3 마루청
두께 3센티미터 정도의 판자를 사용. 발판 판자는 폭이 20센티미터는 되기 때문에 가공하기 쉬우므로 추천함.

4 서까래
지붕 널을 떠받치기 위한 비교적 좁은 각목. 치수를 잴 때에도 도움이 됨.

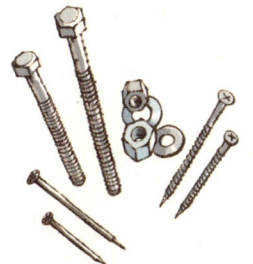

나사, 못, 볼트류
마루 바닥과 지붕 자재를 고정시키는 크고 작은 여러 가지 나사, 못 종류. 볼트 종류는 각재와 각재 사이를 고정할 때 사용함.

TAB(트리 하우스 어태치먼트 볼트)
트리 하우스를 고정하는 전용 쇠붙이. 제작하는 건물이 경량이라면 코치 볼트로도 대체 사용 가능함.

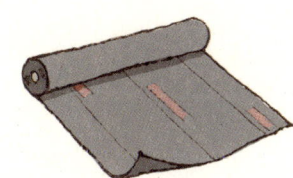

지붕재
지붕면에는 베니어판을 사용함. 물결 모양의 염화비닐을 마감재 대신에 사용. 트리 하우스에는 가벼운 소재가 최적임.

지붕용 방수포
비가 새는 것을 막는 용도. 지붕자재 (여기서는 베니어판) 위에 붙임.

에코 도료
에코 도료: 비 때문에 재료가 썩지 않도록 바르는 도료. 케미컬(화학) 도료는 토양의 pH를 바꾸어 버리기 때문에, 나무에 부담을 주지 않고 생분해되는 에코 도료를 추천함.

주말에만 작업해서
1년 안에 트리 하우스 만들기

STEP 1
호스트 트리 결정하기

그늘을 좋아하는 나무도 있습니다만 일러스트와 같이 나무가 나란히 있는 경우, 하루 종일 그늘에 있던 나무는 피합시다. 일러스트의 가장 왼쪽에 있는 나무는 상태가 크게 좋지 않은 나무입니다. 새로 심은 나무보다는 원래 그곳에 뿌리를 내리고 있던 나무의 상태가 더 좋을 테지요.

※ 활엽수라면 줄기의 굵기는 50센티미터 이상에 알맞은 높이로 가지가 나뉘어 있는 나무를 선택합니다. 침엽수라면 그리 굵지 않아도 좋으나, 일정한 간격을 유지하며 복수(複數)로 서 있는 나무를 기둥으로 삼습니다. 그럼 가지 때문에 방해받지 않을 충분한 공간이 생깁니다.

STEP 2
서까래를 어떻게 둘지 상상하기

나무를 결정하고 나면 사다리를 이용해 나무에 올라 집을 어떻게 위치시킬지, 평평한 장소를 만들 수 있을지 판별합니다. 집의 높이는 2미터 정도. 사람이 지나가도 머리를 부딪치지 않는 높이가 적당합니다. 서까래를 두거나 임시로 고정해 기초(基礎)의 위치를 정하면 집의 형태와 크기를 스케치하기 쉬워집니다.

※ 기초가 되는 목재는 나뭇결을 잘 봐야 합니다. 갈라지는 쪽으로 힘을 쓰면 나무가 다칠 수 있습니다.
※ 높은 곳에서 작업을 하는 경우에는 반드시 아래에서 한 사람이 접사다리를 지탱해줘야 합니다.

STEP 3
재료의 길이를 재고 수평 맞추기

임시 고정이 끝나면, 가지와 가지의 거리나 필요한 재료의 길이 등을 정확히 잽니다. 시판되고 있는 목재는 최장 4미터 정도이므로 그것을 이용해 계측하면 편하겠지요. 바닥면은 지면과 수평이 되어야 하므로 5단계에서 보를 올리기 위해서는 이 단계에서 물 호스를 사용해 수평을 재야 합니다(이 경우에 수평기는 추천하지 않습니다). 정확한 위치가 정해지면 목재와 나무 각각에 분필이나 못 등으로 그 위치를 표시합니다.

STEP 4
플랫폼 만들기

토대가 되는 목재에, 나무가 썩는 것을 막는 에코 도료를 바르고 토대가 되는 보를 올린 후 볼트(TAB)로 고정합니다. 내성이나 강도 면에서 볼트를 추천합니다만, 사용하지 않는 경우에는 코치 볼트로 고정하거나 지면에 기둥을 세워 트리 하우스를 지탱합니다. 두 개의 보를 올리고 나면 위쪽에서 들보와 수직이 되도록 바닥재를 싣습니다. 그때 재료의 가장자리는 잘라내지 마십시오. 마지막까지 남겨두면 디자인하기 쉬워집니다. 이렇게 발판(플랫폼)이 완성되었습니다.

STEP 5
지상에서 집 만들기

벽이나 지붕을 만들 때는 가지가 그쪽을 관통하는지의 여부를 확인해야 합니다. 관통하지 않으면 아래에서 하우스를 만들어 나눈 다음, 나무 위로 올려서 조립합니다. 가지가 관통하는 경우에는 우선 벽을 만들지 말고 지붕을 텐트용 천막으로 만드는 것도 괜찮습니다. 지금은 건물의 강도를 유지하기 위하여 보와 들보 위에 얹도록 하겠습니다. 또한 바깥 둘레 60센티미터 너비로 발판이 남을 정도의 사이즈로 만들면, 나무 위에서의 작업이 쉬워집니다.

※ 처음부터 무리하게 벽이나 지붕을 만들 필요는 없습니다. 벽이나 지붕 제작은 높은 기술을 필요로 합니다. 우선은 발판을 즐기는 것만으로 충분할 것입니다.

STEP 6
지붕, 사다리 만들기

지상에서 집을 만들면 각각의 올라가는 위치에 도르래를 단 후, 벽면마다 밧줄을 걸어 도르래를 이용해 위로 올립니다. 보나 들보 위에 놓이도록 벽을 조립하고 지붕을 만듭니다. 지붕은 베니어판 위에 방수포를 깔고 맨 위에 물결 모양의 염화비닐을 얹는 방법을 추천합니다. 가볍고 안전하며 또 저렴합니다. 초심자들이라면 사다리를 이용해 출입구로 직접 들어가는 방법을 이용하는 것이 좋습니다. 아래가 보이지 않아 공포심도 생기지 않고 안전합니다.

STEP 7
도료로 마무리하여 완성하기

겉에는 비를 맞아도 썩지 않는 페인트를 바릅니다. 토양에 부담을 주지 않는 에코 도료를 추천합니다. 감물, 목초액 등을 사용해도 괜찮습니다. 최소한 1년에 한 번은 꼭 다시 칠합시다. 난간은 꼭 만들지 않아도 좋습니다. 만약 만든다면 난간의 너비는 9센티미터, 높이는 80센티미터의 사다리 모양을 발판에 한 바퀴 돌려서 ㅁ자 모양으로 하면 단단함이 유지됩니다. 난간의 지주는 들보 위에 고정합니다.

 이것으로 트리 하우스 완성! 일상을 잊고 느긋하게 지내는 은신처가 완성되었습니다. 주위를 산책하거나, 독서를 하거나 낮잠을 자거나…… 모두와 바비큐 파티를 하는 것도 괜찮겠군요. 각자 나름대로의 방법으로 트리 하우스를 즐겨봅시다.

COLUMN

지금, 트리 하우스가 인기 있는 이유

최근 트리 하우스가 주목받고 있습니다. 자연은 물론이고 상업적인 시설에서도 트리 하우스를 만들 수 있는 기회가 늘어났습니다. 그건 인류의 문명이 이미 갈 데까지 가버린 시대에서 느끼는 불안의 표현 같습니다. "이대로 앞으로 나아가는 건가?" "인공적인 것만으로도 정말 괜찮은 걸까?" 하는 마음이지요. 물건을 '만드는' 것이 아니라 '납품하는' 느낌으로 공업 제품이 양산되고 범람하는 가운데, 공장에서 만들어져 조립되는 것이 아니라 사람의 손으로 직접 만든 트리 하우스는 누구에게나 잠재해 있는 '원점회귀'의 마음을 자극하는 것이라고 생각합니다. 그렇게 생각하는 이유는 트리 하우스가 '나무'라는 생물과 관련되어 있기 때문일 겁니다. 수천 년간 살아가며 죽을 때까지 성장을 지속하는, 지구상에서 가장 오래 사는 생물, 그것이 나무입니다. 유구한 시간을 겪어온 생명을 마주하고 있다는 데서 오는 경외감 같은 것도 느껴집니다.

그 존재를 깨닫기 시작한 사람들이, 조금씩이지만 그래도 확실히 늘어나고 있습니다. 아이들이 놀 공간을 만들어야겠다는 마음을 갖고 트리 하우스를 만들기 시작하는 경우가 많습니다만, 결국 트리 하우스를 만듦으로써 가장 즐기게 되는 것은 어른들입니다. 처음에 트리 하우스에 회의적이었던 사람도, 제작에 관여하는 사이에 잠들어 있던 설렘이 눈을 뜨게 됩니다. "옛날에 이런 걸 했구나." "다치는 게 대수야?" 하고 말이지요.

아이에서 어른이 되는 사이 잊어버렸던 그 '마음'이 담긴 트리 하우스. 사회에서 살아가기 위해 버려야 했던 순수함을 떠올릴 수 있는 그런 장소가 지금 우리에게 필요한 건지도 모릅니다.

트리 하우스를 만드는 과정은
즐거움이 가득한
진정한 자유 시간입니다.

에필로그

스물 하나의 각각 다른 트리 하우스 이야기. 어떠셨나요?

20년 전, 트리 하우스를 제 인생의 '주제'로 결정했을 때, 미국에 있는 트리 하우스 관련 동료한테서 "타카, 일본에도 트리 하우스를 만들 수 있는 나무와 숲이 있나?"라는 질문을 받았습니다. 당시 저는 "잘 모르지만 아마도……."라고 밖에 대답할 수 없었습니다. 하지만 지금이라면 확실히 말할 수 있습니다. "일본은 숲의 왕국이야. 미국과 유럽에 있는 거목(巨木)은 많지 않지만 일본만의 멋진 나무들이 있어. 그 나무들은 나와 만날 것을 기다리고 있을 거야. 반드시!"라고 말이죠.

여러분은 놀라실지 모르지만, 사실 저는 사적으로 시간을 보낼 수 있는 저만의 트리 하우스를 갖고 있지 않습니다. 저는 트리 하우스를 만들고 싶다는 누군가의 의뢰를 받아 직업적으로 트리 하우스를 만드는 프로일 뿐입니다. 1년 내내 일본과 해외를 뛰어다니게 되면, 트리 하우스에서 느긋하게 보낼 수 있는 시간은 거의 없습니다.

그런 시기에 책의 출판 준비 때문에 나스의 니키 클럽에 촬영차 들르게 됐습니다. "가끔은 느긋하게 좀 쉬셔야죠." 니키 클럽 사장님의 호의였습니다. 니키 클럽은 테란스 콘란이 디자인한 현대적이고 쾌적한 별장이 있고 신선하고 섬세한 요리가 있는, 모든 게 마음과 몸에 스며드는 멋진 리조트입니다. 넓은 부지의 숲을 10분 정도 걸으면, 작은 냇가 부근에 '티 트리 하우스'가 기다리고 있습니다. 새하얀 눈 위에 놓여 있는 잔가지 몇 개를 손에 들고 계단을 올라갑니다. 다실의 출입구인 작은 미닫이문을 열고 실내에 들어가 벤치에 앉으면 정면의 창문으로는 시냇물과 벼랑의 단층이 보이고, 뿌리가 드러난 참나무까지 눈에 들어옵니다. '티 트리 하우스'는, 창문을 통해 자연이 펼치는 예술작품들을 보여주기 위한 장치입니다. 바깥은 눈발이 흩날리는 영하의 추위지만 트리 하우스 안은 따뜻합니다. 벤치에 앉은 채 작은 장작난로에 낙엽을 넣고 불을 붙이고, 그 위에 잔가지를 가느다란 것부터 차례로 올립니다. 조금씩 불이 커집니다만 장작난로에 열이 옮겨져 트리 하우스가 따뜻해질 때까지는 시간이 걸립니다. 방 안이 따뜻해질 때까지

의 시간, 건조한 가지를 꺾는 소리와 스토브 안의 가지가 타는 소리, 정적 속에서 귀에 들어오는 것은 졸졸 흘러가는 개울의 물소리뿐입니다.

오랜만에 저는, 트리 하우스에서 느긋하게 조용한 시간을 보냈습니다.

우리의 문명은 그간 편리하고 쾌적한 생활만을 좇아왔습니다. 쓸데없는 것을 줄이고 합리적으로 그저 앞으로 나아가는 것만이 인생의 전부였겠지요. 저는 그런 사회에서는 그만 버려지기 십상인 것, 쓸데없어 보이는 것들에 마음이 움직입니다. 제게 있어서 트리 하우스는 파편처럼 흩어진 그런 작은 마음들의 거처입니다. 저에게서 트리 하우스를 떼어놓으려 한다면, 소중한 마음들까지 사라져버릴 것입니다.

지난해 말, 어머니가 돌아가셨습니다. 향년 78세, 안타깝고 마음이 아팠습니다. 남들과 사는 방식이 조금 달라서 아직도 생활에 서투른 저를 항상 걱정해주신 어머니였습니다.

얼마 전, 제가 나고 자란 동이즈의 이나토리에 트리 하우스를 완성했습니다. 이곳은 저의 추억이 가득한 장소입니다. 열여덟 살에 대학에 진학하며 상경할 때까지 정말로 다정한 시간을 보낸 고향에, 트리 하우스를 의뢰받고 찾아가게 되리라고는 생각지도 못했습니다.

게다가 트리 하우스를 지은 장소는 어머니의 무덤에서 걸어서도 갈 수 있는 곳이었습니다. 정말 신기한 우연입니다. 완성한 트리 하우스를 어머니에게 보여드리지 못한 것은 유감이지만, 근처에서 계속 지켜보셨을지도 모르겠습니다.

'정말로 소중한 것은 눈에 보이지 않는다.'
『어린왕자』에서 가장 좋아하는 문장입니다. 이 책을 어머니에게 바치고 싶습니다.

코바야시 타카시

번역자의 말

자연과 함께 하는 삶. 이 주제는 현대의 건축 화두로 자리한지 오래다. 자연환경을 활용해 지속 가능한 건축을 꿈꾸고, 이를 현실화하는 과정에서 우리가 놓치지 말아야 할 본질은 바로 자연으로 회귀하는 일이다.

건축가로서 수년간 주택을 설계하면서, 나 역시 자연스럽게 건축물과 자연이라는 유기성에 관심을 가지기 시작했다. 건축의 흐름이 새로워질 때마다 그 시대 사람들의 생활 패턴이 반영된다는 걸 깨달았기 때문이다.

물론 집이 주거와 안식이라는 보편적인 경계를 넘어, 자연에 동화되려는 건축적인 움직임은 꾸준히 있어왔다. 힐링 하우스, 그린 하우스, 에코 하우징, 생태 건축, 패시브 하우스, 스몰 하우스 등이 바로 그 맥락이다. 그리고 이제 우리 삶에 깊게 다가올 트리 하우스라는 이 건축물은 자연환경에 순응하는, 자연과 함께 만들어가는 친환경 건축의 새로운 흐름으로 자리 잡고 있다.

자연이 주는 영감은 건축에 있어 다양한 장치를 마련하게 한다. 비단 물리적인 장치만을 말하는 게 아니다. 그 장치란 다름 아닌 현대인들이 잊고 지내온 삶 전체에 대한 어떤 사유를 말한다. '자연스러움'과 '인간다움'에 대한 끊임없는 질문과 사유 말이다. 건축가의 영감을 자극하고, 사람들의 삶에 새로운 이야기를 만들어주는 자연이라는 존재. 우리는 이제 자연에 대한 질문과 사유 안에서 새로운 이야기를 보게 될 것이다.

최근에 나는 아침고요 수목원으로 가는 길목에 'MOAI'라는 프로젝트를 현실화했다. 어릴 적 꿈꾸던 나만의 비밀장소를 구현하여 새롭게 만든 공간이다. 나의 어릴 적 꿈꾸던 공간은 이러했다. 비좁은 사다리를 타고 오르면, 누구도 찾지 못할 은둔의 장소. 나만의 보금자리는 언제나 은밀하고 아늑했다. 복닥거리는 집들을 머리맡에 두고, 볕이 잘 드는 쪽창 밑에서 책을 보다 잠이 들고, 속상하거나 슬플 때에도 위로를 받을 수 있는 공간이었다. 이처럼 '허클베리 핀'에 나오는 나무 위 조그만 오두막집 같은 공간을 동경해왔던 나는 MOAI 프로젝트를 통해 잃어버린 동심을 되찾을 수 있었다.

그런 와중에 책장 깊숙이 자리한 버나드 루도스키의 『건축가 없는 건축(Architecture without Architects)』이라는 책을 우연히 읽게 되었다. 세계 곳곳의 자연과 문화, 다양한 삶의 모습이 만들어낸 자생적 건축물들에 대한 정보를 꼼꼼히 수록한 책이다. 사막과 물, 절벽 위, 그리고 땅 밑, 무덤과 나무 위에 만든 건축물들이 다양하게 소개되어 있다. 그것들은 파고, 쌓고, 걸치고, 묻고, 깎고, 휘게 만드는 건축의 다양한 과정들을 거친 결과물이다.

흥미롭게 읽어가던 중 나는 이 책의 후반부에 나오는 흑백사진에 시선을 빼앗겼고 오랫동안 그 사진에서 눈을 뗄 수가 없었다. 그것은 '뉴기니의 트리 하우스'였다. 왜소한 나무 위에 커다란 새 둥지를 완벽하게 재현한 전형적인 트리 하우스였던 것이다.

"재미있다!" 그래, 바로 이 느낌이었다. 어떠한 설명도, 이유도 덧붙일 필요 없는 삶의 재미라는 것은. 나는 그것을 트리 하우스에서 발견한 것이다. 이것은 내가 찾던 노마드족의 안식처로도, 건축의 의미적인 측면에서도 안성맞춤인 건축물이었다.

그 사진 한 장으로 인해 나는 트리하우스에 대한 궁금증을 갖게 되었다. 그간 우리나라에는 트리 하우스라는 개념이 전무했기 때문에 나는 트리 하우스를 일본에 보급한 장본인이 코바야시 타카시(小林崇) 씨라는 사실을 수소문 끝에 겨우 알아낼 수 있었다. 그는 이십여 년 전 미국 보스턴의 서점에서 『트리 하우스 (TREEHOUSES)』라는 책을 만났다고 한다. 그 책의 저자 피터 넬슨에게 제작 기술을 배운 후 타카시 씨는 일본 전역에 트리 하우스를 전파했는데, 그의 철학과 왕성한 건축 활동은 내게 많은 감동과 자극을 주었다.

얼마 전 방송 매체에서, 습한 기온으로 인한 해충으로부터 벗어나기 위해 나무 위에 트리하우스를 만들었던 파푸아 원주민들을 봤다. 태어나서 처음으로 목격한 그들의 트리하우스는 다소 비현실적으로 보여 그다지 마음에 와 닿지는 않았다. 30미터 높이에 그런 건축물을 지을 수 있었던 그들의 기술이 놀랍고 대단했을 뿐 나의 동심을 자극하진 못했던 것이다.

하지만 타카시 씨의 트리하우스엔 동심이 가득했다. 그의 트리 하우스에는 인간미와 함께 말로 설명할 수 없는 '재미'가 느껴지는 것이다. 일상에서 벗어나 놀이공원에 있는 '비밀의 집'에 들어가면 어른·아이 할 것 없이 마음이 설레듯, 그의 트리하우스를 꼼꼼히 살피다 보면 그 안에 스며들어 있는 따스한 휴머니즘 때문에 내 마음마저 설레곤 한다. 정말 멋진 건축물, 멋진 건축가가 아닐 수 없다.

나는 최근 MOAI 프로젝트를 진행하면서, 간섭받지 않고 비밀 공간에 홀로 누워 꿈을 꾸곤 했던 어린 시절의 안도감과 편안함을 기억해냈다. 그 기억을 통해 동시에, 트리 하우스라는 건축물이 지금-여기에서 갖는 의미 또한 확실히 깨달을 수 있었다. 어린 시절의 안도감과 편안함을 포용하며 인간적인 정서를 담을 수 있는 공간. 이 각박하고 외로운 시대, 트리 하우스는 이 시대가 끌어안아야 할 인간성 회복의 작지만 거대한 선언이고, 진정한 삶에 대한 고찰인 동시에 잊고 지냈던 동심이 불러일으키는 우리 삶의 재미인 것이다.

'잠시, 고요함에 머무세요.' 이것은 내가 진행했던 MOAI 프로젝트의 모토였다. 타카시 씨의 책을 번역하면서 나는 책 속의 트리 하우스들이 마치 나를 알고 있다는 듯, '고요함에, 잠시 머무르세요.'하며 따뜻한 인사를 건네는 것처럼 느끼곤 했다. 이 책을 통해 한국의 독자들 역시 트리 하우스의 인사를 듣게 되길 기대한다. 아울러 트리 하우스가, 자연을 닮은 감성적이고도 따스한 공간으로, 새로운 아웃도어의 공간으로 온전히 자리매김하길 즐거운 마음으로 기대해본다.

구승민(MOAI 건축가)

TREEHOUSE O TSUKURU TANOSHIMI
by Takashi Kobayashi

© Takashi Kobayashi 2012
Edited by MEDIA FACTORY
First Published in Japan in 2012 by KADOKAWA CORPORATION
Korean translation rights reserved by Sallim Publishing
Under the license from KADOKAWA CORPORATION, Tokyo

이 책의 한국어판 저작권은 KADOKAWA CORPORATION사와의
독점 계약으로 '살림출판사'가 소유합니다.
저작권법에 의하여 한국 내에서 보호를 받는 저작물이므로
무단전재와 무단복제를 금합니다.

트리 하우스

펴낸날	초판 1쇄 2014년 5월 5일
	초판 2쇄 2014년 11월 28일
지은이	코바야시 타카시
옮긴이	구승민
펴낸이	심만수
펴낸곳	(주)살림출판사
출판등록	1989년 11월 1일 제9-210호
주소	경기도 파주시 광인사길 30
전화	031-955-1350 팩스 031-624-1356
기획·편집	031-955-1396
홈페이지	http://www.sallimbooks.com
이메일	book@sallimbooks.com
ISBN	978-89-522-2886-4 13610

※ 값은 뒤표지에 있습니다.
※ 잘못 만들어진 책은 구입하신 서점에서 바꾸어 드립니다.

이 도서의 국립중앙도서관 출판시도서목록(CIP)은 서지정보유통지원시스템 홈페이지
(http://seoji.nl.go.kr)와 국가자료공동목록시스템(http://www.nl.go.kr/kolisnet)에서
이용하실 수 있습니다.(CIP제어번호: CIP2014014246)

책임편집 홍성빈